人力资源建设和统计管理

成志花　刘玉琴　王　颖　主编

吉林科学技术出版社

图书在版编目（CIP）数据

人力资源建设和统计管理 / 成志花，刘玉琴，王颖主编 . -- 长春：吉林科学技术出版社，2022.8
ISBN 978-7-5578-9416-0

Ⅰ . ①人… Ⅱ . ①成… ②刘… ③王… Ⅲ . ①人力资源管理—研究 Ⅳ . ① F243

中国版本图书馆 CIP 数据核字 (2022) 第 113596 号

人力资源建设和统计管理

主　　编　成志花　刘玉琴　王　颖
出 版 人　宛　霞
责任编辑　管思梦
封面设计　徐逍逍
制　　版　徐逍逍
幅面尺寸　170mm × 240mm　1/16
字　　数　125 千字
页　　数　116
印　　张　7.25
印　　数　1–1500 册
版　　次　2022 年 8 月第 1 版
印　　次　2023 年 3 月第 1 次印刷

出　　版　吉林科学技术出版社
发　　行　吉林科学技术出版社
地　　址　长春市福祉大路 5788 号
邮　　编　130118
发行部电话 / 传真　0431–81629529　81629530　81629531
81629532　81629533　81629534
储运部电话　0431–86059116
编辑部电话　0431–81629518
印　　刷　三河市嵩川印刷有限公司

书　　号　ISBN 978-7-5578-9416-0
定　　价　48.00 元

编委会

前言

改革开放40多年来，随着我国人口规模稳步增长，劳动力受教育程度也在日渐提升。一方面，随着义务教育的普及，大量初中文化程度的农村劳动力从第一产业转移到第二、第三产业，创造出远高于传统农业的劳动生产率，在诸多发展中国家中显现出独特优势；另一方面，随着高等教育大众化的推进，培育了大量专业技术人员和管理人员，从而使我国大专及以上文化程度的劳动力数量数度飞跃，很大程度上成为未来中国经济再次腾飞的潜力所在，而屡次敲响的“用工荒”更警示着以创新驱动取代要素驱动已成为当务之急。

当前，我国教育与人力资源开发面临着难得的“后发优势”机遇与严峻的“量质转换”（发展的重心从数量向质量转变）挑战，以人力资源强国建设与构建中国特色现代人才教育培养体系为主线，有着重要的现实意义和鲜明的时代特征。本书在开展大量实证式定量研究的基础上，致力于解决以下三个方面的问题：

首先，再现了当前中国人力资源的全貌。从全部在业人口的维度，主要侧重在与其他发达国家尤其是美国的同口径比较中剖析当前我国人力资源发展存在的问题与不足；从分行业（产业）在业人口的维度，对三大产业以及国民经济各大行业门类的人员规模、平均受教育年限、学历层次、人力资源需求等进行解析，从分职业在业人口的维度，对除不便分类的其他从业人员外的六大职业大类中的人口规模、性别比例、年龄结构、受教育情况等进行解析。

其次，针对我国人力资源的现状，明确提出教育转型发展的内涵特征与推进方式。大力发挥教育在人才培养中的主渠道作用，通过优先发展教育事业，着眼于人才总量的增长和人才素质的提高，树立大教育、大培训观念，以终身教育理念为指导，构建融职前职后于一体、具有中国特色、充满生机活力的现代教育培养体系，加大人才培养培训力度，重点培养人的学习能力、实践能力和创新能力，不断加大对人力资源能力建设的投入，为各类人才不断涌现和充分发挥作用奠定坚实基础，把我国巨大的人口压力转换为人力资源优势，实现从“汗水式增长”到“创新式增长”的跨越。

最后，破除粗放型发展模式下束缚人才发展的制度障碍，实现人力资源开发管理制度的创新。强调下一阶段我国人力资源开发中应牢牢树立全员开发和以用为本的理念，通过构建完备的人力资源开发管理政策法规体系和完善的人力资源发展服务体系，双管齐下营造良好的人才发展综合环境，提出开发人力资源的若干重大制度创新和政策建议，进而不断调整优化我国的人力资源结构，激发人才活力，提高人才能力，做到人人尽显其才、不拘一格选才，促使全社会创新智慧竞相迸发，加快形成人才竞争比较优势，实现产业发展与人力资源发展的有效衔接和协调互动。

人力资源和社会保障制度建设还处于逐步完善阶段，在人力资源和社会保障事业发展过程中还会不断出现新情况、新问题，而本书也只能反映人力资源和社会保障事业发展的阶段性成果。书中难免出现疏漏及不妥之处，恳请广大读者给予批评指正。

目录

第一章　我国人力资源开发现状及面临的形势

第一节　人力资源开发的相关理论

在世界上可开发利用的资源中，人力资源是唯一可持续开发、深层次开发和无止境开发的战略资源，自然资源有着不可再生的属性，物质资源的投入具有折旧性，只有人力资源兼具存量和增量的可再开发性，能够转化为其他社会财富，因此较之于自然资源和物质资源，人力资源是更为重要的优势资源。中国经济在资源禀赋条件上最突出的特点是：人力资源总量巨大，物质资源相对有限，这也是“人口多、底子薄”的由来。人力资源总量巨大意味着劳动要素价格相对低廉，大力发展劳动密集型产业推动经济增长将取得比较优势，但也意味着较大的就业压力，尤其是前一阶段在劳动力近乎“无限”供给的条件下，为缓解就业压力要放慢物质资本积累和工业化进程。同时，由于规模庞大的劳动力队伍还伴随着质量不高的问题，充裕的人力资源难以形成高水平的人力资本。因此，我国当前人力资源赋存条件要保持优势，乃至主导物质和文化资源向物质资本和知识资本转化，关键在于通过适当的途径和机制，把丰富的处于自然状态的人力资源开发转换为具有现实生产能力和知识技能的专业化人力资本，这是中国经济实现持续快速增长在资源禀赋和比较优势层面应解决的一个根本性问题。

一、人力资源的基本概念

人力资源，又称劳动力资源或劳动力，是指能够推动整个经济和社会发展、具有劳动能力的人口总和[①]。一个国家的人力资源状况直接关系到社会的发展水平和国家的竞争能力。世界银行在《增长的质量》报告中指出影响增长和福利的有三类要素：人力资源、物质资源和自然资源，其中物质资源通过增长影响福利，而人力资源和自然资源不仅可以通过增长影响福利，其自身就是福利的主要组成部分。从人力资源角度来讲，中国是世界上最富有的国家，并且正在成为人力资源的超级大国。我国人力资源总数为7.8亿人左右，数量约占世界人力资源总数的25.7%。不难看出，我国的人力资源禀赋较其他国家存在相对优势，对其开发极具必要性。

人力资源是指一个国家或地区作为生产要素投入社会经济活动中、为社会创造物质财富和精神文化财富的劳动力人口，涵盖数量和质量两个方面，具体包括就业人口、失业人口、就学人口、家务劳动人口和军事人口等所具有的劳动力能力和水平，通常以一国或地区人力资源存量计算，其公式为：人力资源=15岁以上人口总量×人均受教育年限。将劳动力作为一种资源，通过规划、教育、培训、使用等手段对劳动力进行发掘、开拓和提高的过程称为人力资源开发。人力资源开发包括教育培训、医疗卫生、体育、劳动人事管理等环节，其中教育在人力资源开发过程中起着决定性作用。

在知识经济已见端倪、国际竞争日趋激烈的新形势下，人力资源数量上的优势已不足以应对未来的挑战，人力资源强国必须依靠高质量的人力资源作为保证。我们所指的人力资源强国是具有人力资源总量丰富、开发充分、结构合理、效能发挥达到世界先进水平等特征的国家，可以通过人力资源存量、开发程度等统计指标进行测评分析和综合比较。人力资源强国从世界普遍认可的角度看，基础条件应当是教育强国、科技强国、文化强国、健康强国等，其中教育强国的建设是重中之重。作为发展中国家赶超发达国家的历史选择，人力资源强国战略至少包含三个方面的重要内涵：一是重视国家整体人力资源的开发，国家整体人力资源在开发规模、开发结构和开发质量方面居于世界领先位置，实现既定的量化指标；二是充分发挥每个公民的潜能和价值，促进人的全面发展，为国家现代化建设提供强大的人力和智力支撑；三是人力资源的存量和流量与相应的现实经济发展水平、教育开发状况、市场化资源配置状况及社会保障能力和条件等互相

① 章凯，时金京.人力资源开发的人格途径：理论基础与管理启示[J].中国人力资源开发，2019，36（01）：152-163.

适应，相互提升，和谐发展。综观《国家中长期教育改革和发展教育规划纲要（2010—2020年）》确定的“两基本、一进入”（基本实现教育现代化，基本形成学习型社会，进入人力资源强国行列），三大目标间存在着逐渐递进又相互依托的辩证关系，其中建设人力资源强国具有关键性的引领意义，实现这一战略目标必须以实现教育现代化、基本形成学习型社会作为主要途径和制度，将我国终身教育体系打造得更加灵活多样，更吻合经济社会发展和促进人的全面发展之需要。

二、人力资源开发的意义

自1964年哈比森和迈尔斯首次提出“人力资源开发”概念以来，在相关研究学者和专家的积极推动下，人力资源开发（Human Resource Development，HRD）这一学科在美国获得长足发展。20世纪60年代，舒尔茨明确指出人力资本的收益高于物质资本，其研究显示在半个多世纪的美国经济增长中，物质资源投资增加4.5倍，收益就增加3.5倍；而人力资源投资增加3.5倍，收益却增加17.5倍。人力资源开发能不断更新人的知识、技能，提高人的创造力，使各种经济资源得到深层次的开发和充分利用，使经济增长发挥倍数效应[①]。可以说，人力资源的数量和质量决定了国民经济增长的幅度和速度，它有利于保持经济可持续性发展的后劲和张力，人力资源的开发利用已经成为经济增长的“发动机”。经济增长通过掠夺自然资源和滥用环境取得，而无论增长速度多快，总财富增加将非常缓慢，甚至出现负值。能否实现可持续发展，既取决于人力资源、自然资源与物质资源的相互协调与作用，又取决于各自的可持续发展状况。然而在这三大资源的可持续发展中，人力资源具有主导性与决定性地位，其开发不但能提高自身价值，而且能降低与减少对自然资源、物质资源的消耗与浪费，以有限的资源创造出更多更好的新资源与新财富。

人力资源开发的重要性也日益被国内学者所认同。从生产性资源、自然资源和人力资源三大资源来看，未来20年中国唯有人力资源具有潜在的比较优势。学者蔡昉等认为，初始的人力资本存量对经济增长有着显著作用，如果初始人力资本存量提高1%，它对经济增长的贡献将达到4.53%；增加劳动力参与经济机会，

① 刘向兵，闻效仪.通过新时代劳动教育引领和推动人力资源开发建设[J].教育经济评论，2019，4（01）：3-10.

可促进农业劳动力转移，也会对经济增长起到积极作用，且大于投资的作用。劳动参与率与农业比较劳动生产率分别提高1%，就能带来2.2%的经济增长；而投资率和投资效果分别提高1%，只能带来0.13%的经济增长。此外，理论和各国实践都表明：一国劳动者受教育年限与经济增长绩效密切相关，劳动者人力资本与他们在劳动力市场上的表现密切相关。由此可知，对人力资本的投资效益在相当程度上高于对物质资本投资效益，对其的投入能带来高回报。

上述论述意义显示：充分发挥人的主动性和无限的创造力，在各种物质资源告急、环境危机日益加剧、经济渐趋“增长极限”之际，以人力资源开发为依托的知识经济展示出的可持续性在相当程度上预示着永续发展的方向。

三、人力资源相关理论

（一）爱德华·丹尼森模型

20世纪60年代初，美国经济学家爱德华·丹尼森对美国1929—1969年的经济增长做了分析估算，得到爱德华·丹尼森模型。他把影响经济增长的因素分为两大类七个因素：第一类是生产要素投入总量的增加，包括就业人数与工时、就业者的年龄与性别构成、就业者的受教育年限、资本存量的大小四个因素；第二类是单位投入量的产出量（生产率），包括资源配置改善、规模经济、知识进步三个因素。根据分析，爱德华·丹尼森得出一个结论：从历史上的经济增长趋势来看，技术进步（包括管理及其应用）的贡献率逐步上升，现已高达47%，这是任何其他因素都无法与之相比的。“对于单位投入产出量的持续长期增长来说，知识进展是最大的和最基本的原因。”技术进步所带来的产出增长率中3/5还应归功于教育。因此，要促进经济高速增长，必须大力发展教育，开发新技术，提高人的各种素质。

（二）西奥多·舒尔茨的人力资本投资理论

20世纪50年代，西奥多·舒尔茨在计算各个要素对经济增长率的贡献时发现，在经济增长过程中，资本存量、劳动力、土地等有形要素的贡献所占比重不大，有很多“余差”却找不到主。这个“余差”到底源于什么呢？经过进一步的研究，舒尔茨发现教育作用很重要，教育水平提高了，工资就高；教育水平提高了，人们的判断就准确了；教育水平提高了，人们采用新技术就比较容易了，据此推测教育在“余差”中占有很大份额。于是在1960年，他发表了著名的《人力资本的投资》一文，指出人力素质要经由正规教育、成人教育、在职教育、健康与营养的增进而改善，从而促进一国经济增长。这篇论文成为人力资本理论的“独立宣言”。自此，“人力资源”作为一种理论体系，在20世纪70年代兴起，80年代蓬勃发展，90年代风靡世界。舒尔茨是第一个把“人力资本积累”从传统的物质资本积累中分离开来的先驱者。他在研究发展中国家的经济发展时发现，人力资本在发展中国家的经济发展中具有重要作用：一是人力资本使发展中国家较快地改造传统农业，提高农业劳动生产率，为实现工业化创造条件；二是人力资本使发展中国家农业剩余劳动力顺利向非农产业转移，消除二元经济特征；三是人力资本使人的素质提高，消费结构升级，为实现工业化拓宽了市场；四是人力资本具有较强的吸引外资的能力；五是人力资本可以使发展中国家降低对自然资源的消耗，实现可持续发展。

（三）加里·贝克尔的人力资本理论

1964年，加里·贝克尔出版的《人力资本：关于教育的一项理论与经验分析》一书，成为西方人力资源理论界的经典，对建立和完善人力资本理论体系产生了比较深远的影响。具体来说，加里·贝克尔对人力资本的理论分析分为两个主要层面，即人力资本投资对收入的影响和人力资本的回报率。对人力投资收入效应的理论探讨又分别集中在职业培训、学校教育、信息投资和医疗保健投资这四个方面。人力资本的回报率是决定人力资本投资量唯一的、最重要的因素。因此，加里·贝克尔试图从理论上确定回报率与投资量的关系，并据此估计投资期、投资成本、投资量、投资回报以及投资激励和其他一些影响。在进行定量研究后，他对人力资本形成过程提出了几个基本观点：一是人力资本投资与经济增长密切相关；二是人力资本与人口增长的关系；三是教育支出费用对于人力资本投资的重要影响；四是收集、分析信息与情报具有经济价值，也是人力资源的组成部分；五是一个人的收入水平既会由于年龄的增加而增加，同时当个体的受教育程度越高时，其收入水平也趋于走高。

（四）保罗·罗默的内生经济增长模型

知识经济时代，技术进步、知识因素和人力资本投资对经济增长的作用越来越显著，以罗默为代表的新增长理论在新古典主义关于外生技术进步的增长模型基础上发展而来，其特点是从技术内生化开始，始终强调以创意或知识产品为基础来理解经济增长和发展的机制，模型中除了列入资本和劳动以外，还有另外两个生产要素：人力资本、技术水平。所谓劳动是指非熟练劳动，而人力资本则指熟练劳动，人力资本用正式教育和在职培训等受教育时间长度来表示，这样就考虑了知识或教育水平在经济增长中的作用。关于技术水平这个要素，罗默认为它体现于物质产品之上，这些物质产品有新设备、新原材料等，表示技术创新的成果。换言之，知识进步体现在两个方面：一方面体现于劳动者的熟练程度上，在模型中用人力资本来表示；另一方面体现于新设备、新原材料等物质产品的技术先进性上，在模型中用技术水平表示。根据罗默的内生增长思想，发展中国家为了实现长期的经济增长，重要的是具备一种使新设计或创意能产生和使用的机制，这就要求政府在政策制定时重视教育发展和科技投入，从而激励和保护创新。

（五）罗伯特·卢卡斯的内生增长模型

罗伯特·卢卡斯在1986年发表的《论经济发展的机制》一文中，引入西奥多·舒尔茨和加里·贝克尔提出的人力资本理论，运用日本学者宇泽弘文的分析框架及类似罗默模型的处理技术，提出一个以人力资本的外在效应为核心的内生增长模型。此后，在《资本为什么不从富国流向穷国》（1989年）和《创造奇迹》（1993年）等文章中，其进一步完善了这一模型。卢卡斯区别了人力资本的两种效应，即内部效应和外部效应，强调人力资本的外部效应，是社会劳动力的平均人力资本水平，具有核心作用。人力资本是劳动者的技能水平，这种技能水平会提高劳动者自身的生产率，更为重要的是人力资本的外部效应会从一个人扩散到另一个人身上，从旧产品传递到新产品，从家庭的旧成员传递给新成员，因而会对所有生产要素的生产率都有贡献，进而使产出具有递增收益。正是这种源于人力资本外部效应的递增收益，使人力资本成为“增长的发动机”。但是，卢卡斯模型的主要缺陷是人力资本的作用无法测度，也无法准确测度一个社会的人力资本及其增长率。然而，它能促使人们就人力资本与经济增长影响之间的关系进行更为深入的定量分析。

第二节　我国人力资源开发未来的发展态势

过去40多年来，中国经济高速增长的一个基本客观事实是农村剩余劳动力的大量存在使得劳动力供给处于近乎“无限”状况，就业压力巨大促使我国劳动者工资出现了“粘滞”现象，正是利用了劳动力密集型优势发展低端制造业和服务业，吸引大量外资流入，以此带动了我国经济在短时期内实现快速增长①。中国经济进入中等收入阶段后，一系列结构性的改变随之而来，劳动力市场跨越刘易斯转折点就是其中的重要标志。刘易斯转折点的到来不仅宣告劳动力无限供给时代的结束，也意味着长期以来要素积累推动经济增长的模式越来越难以为继。从劳动力市场的政策取向看，积极的就业政策的着力点也相应发生了改变。未来应该尽可能地增加有效劳动供给，在扩大就业的同时提高劳动力资源的利用效率，为经济转型与结构升级赢得时间，这应当成为未来的政策重点。

一、激励劳动力供给的紧迫性日益凸显

进入21世纪尤其是最近几年，中国的劳动力市场在经历了改革开放初期的“民工潮”后，劳动力市场的供求形势发生了转变，“民工荒”开始占据主流：在总需求旺盛的时期，劳动力供给的紧张局面会凸显，劳动力短缺严重，普通工人的工资上涨明显；在经济增长相对低迷的时期，就业形势保持相对稳定。从积极就业政策的取向看，在劳动力市场经历这一根本转变后，主要的政策目标应由创造就业岗位转为刺激劳动供给和提高就业质量。

阐释这一现象形成的原因应从劳动力市场供求关系的基本面变化分析着手。我国经济正处于发展转型的关键时期，长期积累的深层次矛盾尚待缓解，经

① 李华，郭丽娜，张卫国.新型城镇化背景下的农村人力资源开发评价指标体系研究[J].生态经济，2016，32（01）：131-134.

济企稳回升的基础仍需巩固。但中国经济总量已上了一定台阶，GDP增速的每一个百分点带来的就业岗位数量也较以往大有提高，即在经济结构没有发生根本变化的情况下，同样的经济增速所产生的就业岗位数量较以往多。更重要的是，人口结构的迅速变化，使得新生劳动力的数量越来越少，劳动力供给的增速逐渐放缓。短期内，我国人口数量将保持相对稳定，也是形成劳动力市场供求格局的最基本因素。

二、劳动参与率整体下降和活跃度不均带来的挑战

按照国际上一般的分类标准，经济活动人口的年龄段一般定为15~64岁。根据我国统计制度，经济活动人口是指所有年龄在16岁及以上，在一定时期内为各种经济生产和服务活动提供劳动力供给的人口。这些人被视为实际参加或要求参加社会经济活动的人口，也称为现实的人力资源。它处于就业或失业的状态，是就业人口和失业人口之和。劳动参与率反映了潜在劳动者个人对工作收入和闲暇的偏好，既受到个人保留工资、家庭收入规模、性别、年龄等人口学特征的影响，又受到社会保障程度和劳动力市场状况等社会宏观经济环境的影响。

随着人均受教育年限的延长、高等教育的日益普及，我国劳动参与率今后仍有进一步下降的可能，如欧盟的预测报告显示，发达国家劳动参与率整体下降的趋势还在延续，这个过程也很有可能在我国发生。

三、“变老”的人口结构对未来可持续发展的冲击

应当承认，中国改革数十年间经济的持续快速增长很大程度上得益于“人口红利”。由于实行改革开放政策，建立健全资本市场及劳动力市场机制，通过大规模转移农村剩余劳动力，在一定程度上发挥了劳动密集型产业的比较优势，使中国经济在“人口机会窗口”期间创造了高速增长的奇迹。但从长远来看，“中国制造”的充沛劳动力资源和廉价用工成本不可持续。随着老龄化进程加快，加上国际竞争格局发生变化，其他发展中国家低成本优势也在逐渐显现。

长期以来，表现为劳动年龄人口持续增长和人口抚养比持续下降的有利人口结构，为中国经济增长提供了人口红利，助其实现9%~10%的高速增长。然而，人口红利开始消失，推动经济高速增长的因素相应减弱。总体来看，由于计划生育政策导致的新生儿出生率降低、高中教育与大学教育升学率提高、人口老龄

化等因素，在相对稳定的环境下，今后30年，中国劳动人口总量将稳中有降。此外，随着人口老龄化进程逐步加快，劳动年龄年长组（45岁及以上）的比重日益上升，劳动年龄年轻组（30岁及以下）的比重走向萎缩，这与我国日益老化的人口结构相吻合。可以说，我国劳动力短缺的严重程度和劳动力成本的上升速度，令人始料未及，这种局面对经济发展和劳动力市场将产生深远影响，对中国转变经济增长方式和结构转型也会提出日益紧迫的要求，刘易斯转折点以后，劳动力成本的快速上升将对既定的劳动密集型经济产生冲击。然而，经济增长方式的改革和结构转型恰恰很难一蹴而就，既依赖于经济体制改革的深化，也依赖于企业对价格信号的反应，才能逐渐完成技术变迁。化解这个困境，不仅要通过加快改革的步伐以推动经济增长方式转变，还需要不断挖掘劳动供给潜力，为改革赢得时间。对于政策制定者而言，劳动力市场的政策取向也必须顺应这一形势变化从而有所调整：从二元经济时代需求主导型政策逐步转向激励劳动供给的政策。在这种情况下，中国经济不能再依靠低端劳动密集型产业走外延粗放式发展道路，应及时进行产业升级、走新型工业化道路。虽然中国经济总体规模大、各地区之间发展不平衡，但延长“人口红利”并非没有潜力，可以通过户籍制度等领域的改革，促进区域一体化发展，创造条件让制造业不要过早转向国外，而是从沿海地区向中西部地区转移，在一定程度上延长这种发展红利。由此可见，面对“人口机会窗口”的关闭，若能把准经济发展与人口转变的互动脉搏，及时实施战略调整，则有可能变不利条件为有利因素，在未来数十年间走上可持续发展的康庄大道。

第二章　加快人力资源开发管理的制度创新

第一节　构建完备的人力资源开发管理政策法规体系

在人力资源开发中要牢固树立“人才资源是第一资源”的战略理念，按照“创新人才工作体制机制，激发各类人才创造活力和创业热情，开创人才辈出、人尽其才新局面”的要求，树立人力资源全员开发和以用为本的理念，不断创新人力资源开发管理制度，坚决破除束缚人才发展的制度障碍，着力营造良好的人才发展综合环境。同时，不断调整优化人力资源结构，实现产业发展与人力资源发展的有效衔接和协调互动，促使人力资源和经济社会互动、协调发展。以人才培育为主渠道，激发人才活力，提高人才能力，用好用活现有人才，做到人人尽显其才、不拘一格选才，促使全社会创新智慧竞相迸发，加快形成人才竞争比较优势。

创新的事业呼唤创新的人才，知识就是力量，人才就是未来，要把人才资源开发放在科技创新最优先的位置。开发人力资源，走人力资源强国之路，当务之急是要建立完备的人力资源开发管理政策法规体系。要坚持以人为本和协调发展，创造人人平等发展、充分发挥聪明才智、积极参与经济社会发展的制度环境。要加快创新培养、评价、使用、流动、激励、保障等各项人力资源开发政策制度，完善人力资源开发管理的有关政策法规，建设符合国情、与国际接轨的人力资源开发制度体系，以制度建设为抓手，着力营造有利于人才公平竞争的制度环境，提高人力资源开发管理的科学化、民主化、法治化水平。要从基于优惠的政策倾斜向营造规则的制度环境转变，从对不同区域、不同所有制企业、不同身份人才实行区别政策向实行统一、稳定、透明的政策转变，从不公平的竞争环境转向公平的竞争环境，打造一个促使人人得以发展的制度环境。

在全面梳理国家现有的人力资源开发管理法律法规和政策性文件的基础上，建立健全人力资源开发管理工作的法律法规、规章和政策，逐步完善具有中国特色、以“六支队伍（党政人才、企业经营管理人才、专业技术人才、高技能人才、农村实用人才和社会工作人才）”为主体、以人力资源开发各环节（培养、评价、流动、使用、激励、保障等）为主线的政策法规，形成一个“门类齐全、结构严谨、协调和谐、体例科学”的人力资源开发政策法规体系，使人力资源开发管理工作的各个方面与环节有法可依①。同时，逐步提升人力资源开发工作的立法层次，将人力资源开发管理工作纳入法治化轨道，为建设高素质人才队伍提供法制保证，把全社会各类人才的积极性和创造性引导好、保护好、发挥好，用环境凝聚人才、用机制激励人才、用法制保障人才，大力推动人力资源强国建设，促进各类人才全面成长，真正使一切劳动、知识、技术、管理和资本的活力竞相迸发，让一切创造社会财富的源泉充分涌流。

一、构建完备的人力资源开发管理法规体系

改革开放以来，我国陆续出台了人力资源开发管理的法律法规，逐步形成了以《中华人民共和国宪法》为根本依据，以《中华人民共和国劳动法》《中华人民共和国公务员法》为核心，以《中华人民共和国劳动合同法》《中华人民共和国就业促进法》《中华人民共和国劳动争议调解仲裁法》《中华人民共和国社会保险法》为主体，其他单项法律和行政法规为组成部分的人力资源开发法规体系框架。

一是健全促进就业和劳动者权益保护的法律制度。在扩大和促进就业方面，1994年出台了《中华人民共和国劳动法》，2007年颁布了《中华人民共和国就业促进法》，2011年制定了《退役士兵安置条例》；在建设社会保障体系方面，2010年底修改了工伤保险条例，2011年颁布了《中华人民共和国社会保险法》并修改《中华人民共和国职业病防治法》，2012年制定了《中华人民共和国

① 黄先平，黄利勇.区域经济发展中的人力资源开发及管理[J].商展经济，2021，22：130-132.

军人保险法》；为建立和谐劳动关系与解决劳动纠纷，2004年出台了《劳动保障监察条例》，2007年发布了《中华人民共和国劳动合同法》，2008年制定了《中华人民共和国劳动合同法实施条例》《中华人民共和国劳动争议调解仲裁法》；为保障弱势劳动者就业权利，与残疾人相关的有1990年制定的《中华人民共和国残疾人保障法》，2007年通过的《残疾人就业条例》，2012年通过的《无障碍环境建设条例》；与妇女相关的有1988年通过的《女职工劳动保护规定》，1992年通过的《中华人民共和国妇女权益保障法》，2012年废止《女职工劳动保护规定》且同步通过的《女职工劳动保护特别规定》等；为提高劳动者的职业能力和水平，1995年颁布《中华人民共和国教育法》、1996年颁布《中华人民共和国职业教育法》，2002年颁布《中华人民共和国民办教育促进法》，以立法发展职业教育和职业培训。

二是健全各类人才开发管理的法律法规体系。为了健全党政人才管理制度，1993年颁布《国家公务员暂行条例》，2006年实施《中华人民共和国公务员法》，并陆续出台公务员录用、培训、考核、奖励、职务任免与升降等配套规章和涉及特定公职人员的《中华人民共和国法官法》和《中华人民共和国警察法》；为了完善专业技术人员管理制度，自1993年以来，陆续出台《中华人民共和国教师法》《中华人民共和国注册会计师法》《中华人民共和国注册建筑师条例》《中华人民共和国执业医师法》《护士条例》《中华人民共和国律师法》等法律法规。2012年《中华人民共和国出境入境管理法》的颁布，标志着移民（出入境管理）进入良性发展轨道。2014年《事业单位人事管理条例》出台，新聘用工作人员应公开招聘并签订3年以上的聘用合同是条例的一大亮点；为了健全企业经营管理人员管理制度，以《中华人民共和国宪法》为基础，自1979年陆续颁布《中华人民共和国独资企业法》《中华人民共和国中外合资经营企业法》《中华人民共和国公司法》《中华人民共和国外资企业法》等法律规章，初步形成企业人员的相关法律法规体系。

通过以上梳理不难看出，改革开放以来我国在实践中逐步进行人力资源开发管理的法律法规建设，但从目前的情况来看，人力资源开发管理的法规体系建设尚不完善，人力资源开发管理的法治化进程亟待提高。问题集中表现在：人才政策多，人才立法少；体制内立法多，体制外立法少；管理公务员和专业技术人员的法规多，管理高技能人才、农村实用人才和社会工作人才的法规少；人事争议仲裁、要素参与分配、海外及国内智力引进、人才安全、人才流动的社会保障衔接、人才兼职等方面的“空白点”亟待填补。同时，人力资源开发管理的法律法规不能满足时代发展需求，一些原有法规的实施背景已不合时宜，部分条文中的人力资源覆盖范围已发生变化，有待修改与增删。因此，要依据《中华人民共和国立法法》和《中华人民共和国行政许可法》的规定，全面梳理国家现有的人力资源开发管理的法律法规，进一步制定有关人力资源开发管理的法律法规，建立严谨科学的人力资源开发管理法规体系，推进人力资源开发管理的法治化进程，以法治精神代替“权力包办”，增强人力资源管理工作的规范性和有效性，具体而言要做到以下四个方面。

（一）建立健全人才培养法规体系

构建完备的人力资源开发管理法规体系，涵盖各类人才及人才开发的各个环节（培养、评价、流动、使用、激励、保障等）。制定企业经营管理人才培训相关法规，规范企业经营管理人才培训制度，提升经营管理人才的现代经营管理水平。制定继续教育相关法规，加强专业技术人才继续教育和应用人才的职后培养的制度规范。制定职业培训相关法规，建立健全现代职业教育培训体系，完善职业技能培训制度。出台终身教育相关法规，加快构建终身教育体系，促进学习型社会的形成。

（二）建立健全人才使用和流动法规体系

制定《企业经营者管理条例》，规范经营者选用程序、职责、评价、工资福利、激励约束、监督检查、处分等。制定《企业经营管理人才流动管理条例》，规范和促进企业经营管理人才的合理流动。制定《竞业禁止条例》，维护公平合理的竞争秩序，确保人才有序流动。制定《人才信息管理条例》，推动人才市场和用人单位的信息共享。制定《专业技术人员管理条例》，规范专业技术人员聘用、行为准则、准入与职业选拔标准。制定《海外人才聘用管理办法》，规范海外人才引进和使用。制定《国家重要人才安全保障条例》，提高重要人才待遇，保障重要人才权益，维护重要人才安全，有效防止国家重要人才流失。

（三）建立健全人才激励法规体系

我国人才激励机制正处于新旧交替和创新发展时期，呼唤通过改革来实现与时代同步发展。推动工资支付立法，积极研究出台《工资法》《工资支付规定》等法律法规，建立健全与工作业绩紧密联系、鼓励人才创新的分配制度和激励机制，加强收入分配的宏观调控和法治化管理，规范收入分配秩序。出台《国家公务员工资管理规定》，建立职务与级别相结合的公务员工资制度，建立公务员工资正常增长机制。适时推出国家功勋荣誉和政府表彰奖励的相关法规，统一荣誉称号、规范奖励标准和荣誉待遇，对为国家和社会发展做出杰出贡献的各类人才给予崇高荣誉和嘉奖。

（四）建立健全人才保障法规体系

政府应切实成为组织者与主导者，调动人力、财力、物力，为我国人才的战略安全提供强有力的保障。完善《中华人民共和国社会保险法》，建立健全统一的社会保障制度，明确国家、单位和职工等社会保障主体之间的关系及其权利与义务。在此基础上，不断修订完善养老保险、医疗保险、失业保险、工伤保险、生育保险等单项行政法规；也可以在条件成熟时按社会保险的各个险种分别制定单行法。抓紧研究《反就业歧视法》，按照“法律面前人人平等”的原则，消除人才歧视现象，特别关注妇女、残疾人、少数民族、农民工等弱势群体的就业平等权。

二、建立科学规范的人力资源开发机制

眼下，人力资源开发各个重要环节的政策瓶颈尚未得到有效突破，这种局面将制约人才创造力和潜能的发挥，抑制人才的激情和活力。面对激烈的国际人才竞争，党的十八大及时发出“广开进贤之路，广纳天下英才”的号召，致力于打造人才“梦之队”。在短短一年多的时间内，人才工作呈现出快马加鞭的态势。建立健全集聚人才体制机制，既充分发挥市场配置人力资源的决定作用，又切实加强党和政府宏观管理人才的职能作用，形成促使两者既有机结合又相互制约的新型人才治理体制和良性互动机制。

（一）建立适应市场需求的人才培养机制

创新人才培养机制，坚持“自主培养为主，外部引进为辅”的培养原则，通过制订有效的岗位继任者和后备人才甄选计划，全面建立起各行各业的人才梯队，大力营造自主创新的优良环境，为我国可持续发展提供足够的人力资源支撑。深化各项改革的过程，也是我们造就规模宏大、素质优良的人才队伍，以及由人才大国迈向人才强国的过程。同样，对各行各业人才来说，也需要在全面深化改革的大熔炉中历经磨炼，勇于担当改革浪潮的“弄潮儿”。

1.鼓励实施学校与企业联合的人才培养机制

探索建立以校企合作为主要方式，学科专业链与产业链对接为主要支撑的应用型人才培养机制。高校人才培养计划要按照产业发展与技术创新的要求，以人才开发目录为导向，动态调整和改进专业设置，促进形成与学校特色学科、优势学科紧密相连的企业集群，推动区域经济协调发展和产业结构调整，实现学校与社会联动培养创新人才和城市发展紧缺人才的新格局。政府要为校企合作培养人才搭建平台，加强统筹协调，支持高校加快与重点产业相关的学科建设，并为校企合作教育提供专项经费补贴。鼓励企业直接参与应用型人才培养的全过程，全面建立高校、职校与企业的办学伙伴关系，鼓励校企合作培养人才，共同研制教学标准和教材，共同实施教学过程和评价，共同投入资金或装备，创设企业培训基地，同时由企业提供职业院校学生就业岗位。推进“校企联盟”行动，在创新技术研发、加快科技成果转化、共建技术创新平台的实践中加快产业化人才培养速度。

2.探索实施实践式企业创新人才培养机制

优秀的企业创新人才必须经历重大工程和技术创新的实践才能成长，因此，要注重在解决企业发展中的复杂问题、应对重点项目和重大工程的实践中培养科技人才。企业要促进创新人才培养与项目工程建设的有机交融，以企业重大工程项目和科技项目为载体，为人才提供创新实践和施展才华的平台，采取产业聚才、项目育才、核心人才带动等多种方式培养创新人才。鼓励企业加大对科技人才、重大项目的资助力度，促使优势资源向核心人才和关键项目倾斜。在做好项目考核评价工作的同时，做好科技人才的业绩考核和奖励工作，使项目工程也成为人才筛选工程、培育工程、激励工程。深化企业创新实践基地建设，在有条件的大型企业设立博士后科研工作站和博士实践基地，组织和引导在站博士后与企业合作开展项目研究，实现企业科研项目与高层次科技人才的对接。引导企业利用高等教育、中等教育和职业培训等教育机构的优势，为企业量身定做培训项目，不断提升企业在职人才的能力和素质。

3.深入实施产学研结合式的科技人才培养机制

今后应当注重通过政策引导高校、科研院所和企业紧密携手，培养面向需求、面向未来的实战型科技人才。加大人才培养与产业化的对接力度，以企业为主体，以市场为导向，以项目为抓手，以产、学、研、用为纽带，充分发挥高校学科综合与基础理论的优势、科研院所研究实力与创新资源的优势、企业实践平台与技术研发的优势、中介机构信息与服务的优势，构建基地—项目—人才一体化的科技人才培养机制，加强和促进产、学、研间的融合。同时，鼓励科研院所、大专院校、企业的科研人员进行贯通交流，着重培养应用科学类、工程技术类科技人才的技术创新能力与科技成果转化能力。鼓励企业将研发机构和人才培训基地设在高校，鼓励高校与企业共建重点实验室和研究基地。

4.积极实施开放式的国际化人才培养机制

构筑开放式的国际化人才培养模式，强化人才国际化能力素质建设，在国际竞争与运行中培养大批具有全球竞争力的优秀人才。鼓励企业大力开展同港澳台地区及国外的人才培训合作项目，有计划地选送优秀科技人才和管理人才赴海外培训、考察、研修和实践交流。支持用人单位与国际知名高校、跨国企业、国际组织合作，联合建立海外培训基地，通过民间出访、商业性交流等多种渠道，学习国际先进的实用技术，提高专业素质。探索以实习和任务驱动的方式培养科技人才，要求赴境外的人才在国外工作、实习期间，通过完成行业内的科技项目或任务的方式，更多地接触国外同行的前沿科研技术，提高人才培养的针对性和实效性。鼓励与促进各类人才参与国际科学技术合作交流，参与国际重大科技计划、科技工程、学术研究等活动，参加国内举办的各类国际化教育培训活动，让人才有更多的机会参加各类国际合作、培训学习与实践交流。

5.推广实施自主研修式的人才培养机制

支持和引导各类人才进行自我设计、自我管理、自主投入的自主研修式培养。用政策引导支持人才积极参与社会教育培训机构开设的研修班，包括英语、计算机、专业培训课程等。根据各个专业领域设计科技项目专题研讨主题，组织相关专业的科技人才参与在线主题研讨与发布。加强远程教育和在线培训，动员人才自主进行在线学习，使得人才能够不受时间和场地的限制自主选择课程，在网上实现教、学、考、管等学习考核功能。倡导全民阅读，倡议每人每年认真阅读一定数量的专业书籍或公共基础书籍，同时提供交流分享读书心得的机会。鼓励人才自主参加大学或社会举办的各类讲座，撰写个人研修报告，总结研修成效。

6.推进学习型社会的建设

营造良好的终身学习氛围。倡导终身学习理念，营造“每个人都可以学习，每个人都需要学习”的氛围。根据终身教育的要求，在开发新教育资源的同时，整合利用社区内现有的各类教育、文化、科研、体育等资源，如科技馆、少年宫、文化馆、图书馆等，统筹规划安排，实现教育资源共享。搭建学习平台，包括机构、网络、制度的平台。建立社区学院和社区学校，通过网络提供终身教育的信息平台，设计各类丰富多彩、形式多样的学习活动，促进社区教育、科技、文化、体育、健康、闲暇等活动的整合。不断改善全民终身教育的学习环境，包括学习条件（场所、设施、资源）、学习渠道、学习形式、学习制度等，满足不同年龄、职业、学历人群的个性化需求，做到“人人皆学、时时能学、处处可学”。

（二）建立科学的、社会化的人才评价机制

建立科学的人才评价机制，是科学考量人才的贡献和业绩，有效地选拔人才、合理使用人才的关键所在。因此，要坚持德才兼备原则，改革人才评价方法，完善人才评价标准，建立以业绩为重点，由品德、知识、能力等要素构成的人才评价体系，使各类人才的贡献和业绩都能得到公正合理的评价，尤其在创新型人才评价上要遵循科学规律，评价关注的应是人才未来的水平与成果，而不是既往的业绩、知识、贡献。在筛选范围上，过去多在体制内、区域内寻找发现人才，现在则是在全国14亿人乃至全球70亿人范围内寻找发现人才，择天下英才而用之。

1.建立重在群众认可的党政人才评价机制

修其心治其身，而后可以为政于天下。评价党政人才要坚持群众公认、注重实绩，把群众的意见作为考核评价的重要尺度。因此，必须加快探索建立符合

科学发展观和正确政绩观的党政领导班子和领导干部绩效考核评价体系。具体来说，就是要研究制定一套科学的党政领导班子和领导干部绩效考核评价指标体系，建立健全不同层次、不同类型党政人才的岗位职责规范，建立以工作实绩为主要内容的考核指标体系，细化党政人才的考核评价指标，力争做到准确反映考核对象的品行、才能和工作绩效。改进党政领导干部考核方式和方法。党政领导干部的考核评价要重公平、重程序，政府组成部门的主要领导干部定期接受任命机关的述职评议。规范考核工作程序，把考核评价置于干部和群众的监督之下，评价方式采取组织考察与民主测评相结合。同时，健全党政领导干部问责制，制定党政领导干部责任追究制度，明确行政决策过错责任追究范围、过错责任划分与承担，以及过错责任追究程序。

2.建立市场认可和出资人认可的企业经营管理人才评价机制

准确评价企业经营管理人才的管理水平和经营业绩，既是做好经营者选拔任用工作的前提和基础，也是对整个企业运营进行有效管理的重要手段。建立国有企业经营管理人才综合考核评价办法，关键在于建立以市场和出资人认可为核心，以任期目标责任制为依据，以业绩为标准的评价机制。要加快探索建立市场认可和出资人认可的国有企业经营管理人才综合考核评价办法，需做到：一是要设立一套业务独立、运作规范、手段先进、方法科学的企业经营管理人才评价体系；二是要建立企业经营管理人才资质社会化评价认证制度和资质等级认证评价制度，用统一、规范的标准来评价职业经理人的任职能力和道德信用；三是要完善企业经营管理人才经营业绩评价指标体系，结合企业的运行特点，研究制定能够准确反映经营管理业绩的企业经营管理人才任期目标和考核评价体系；四是要积极开发适应不同类型企业经营管理人才的考核测评技术，适应生产型、流通型、金融型等不同类型企业的特点。

3.建立社会和业内认可的专业技术人才评价机制

建立重在业内和社会认可的人才评价机制，健全以社会管理和公共服务为核心的职称管理制度，形成面向全社会的科学、分类、动态的专业技术人才职称制度。加快研究出台《关于深化职称制度改革的意见》，整体设计新的职称分类框架，进一步深化职称制度改革，完善专业技术人才职务任职办法，落实用人单位在专业技术职务（岗位）聘任中的自主权。借鉴和引进国外职业能力认证标准和办法，推动职业资格证书的国际互认。积极探索符合各种不同人才评价特色的评价方法，不断提高专业技术人才评价的专业水平和技术含量，大力开发和应用人才能力测评、业绩评估等现代人才测评手段，逐步形成产业化的人才评价体系。培育专业的人才评价机构和人才中介服务组织，开发多元、开放的人才测评技术，并结合先进的评价方法，创建具有中国特色、符合现代人才特点的评价体系，不断提高人才评价机制的科学性和合理性。

4.健全高技能人才评价机制

改进技能人才的考核评价方式，进一步健全技师考评制度。加大技师、高级技师培训、考核与评聘改革工作力度，按照“统一标准、自主申报、社会考核、企业聘用”的原则，进一步扩大对社会通用性强的职业（工种）技师和高级技师的考评范围。重点考核技能人员执行操作规程、解决生产问题和完成工作任务等方面的实际工作能力，突出评价高技能人才“解决生产难题的能力”“学习新工艺、新技术的能力”，结合企业生产经营实际情况，强化在工作现场、工作过程中进行考核。同时，以年度中国技能大赛为龙头，积极组织多层次、多形式的职业技能竞赛，健全技能人才考核评价体系。尤其是要以完善技能人才职业资格证书制度为抓手，充分发挥职业资格证书制度在引导高技能人才培养方面的重要作用，逐步扩大职业资格证书的覆盖面，促进职业资格证书制度与就业制度、技能人才培养制度和企业劳动工资制度相衔接。

（三）建立有利于公平竞争的人才使用机制

进一步深化人才选拔任用制度改革，建立以公开、竞争、择优为导向，有利于优秀人才脱颖而出、充分施展才能的选拔任用机制。

1.深化党政领导干部选拔任用制度改革

完善党政领导干部公开选拔、公推公选和竞争上岗制度，有计划地推出公开选拔领导干部制度，竞争上岗，保证优秀人才走上领导岗位。党政领导干部选拔任用必须坚持群众公认原则，以扩大民主为核心，进一步完善干部选拔任用工作程序，充分运用好民主推荐、民主测评、民主评议等方法，广泛听取干部和群众的意见，充分了解民意，切实尊重民意，让更多的人能够拥有举荐人才的权利和机会，让更多的人能够参与人才的发现和鉴别，落实好群众对党政领导干部选拔工作的知情权、参与权、选择权和监督权，克服在少数人中选人、靠少数人选人的局限性。进一步解放思想，扩大视野，拓宽渠道，创新方法，面向社会选拔优秀人才担任党委、政府部门领导职务，建立开放的党政人才选拔任用机制。切实实行党政领导干部任期制，明确党政领导干部连续任职以及担任同一职级的领导职务不得超过的最高年限，实现领导干部任用有期、到期必下，从而解决在法定工作年龄范围内事实存在的领导职务终身制问题。完善党政领导干部正常离任退出机制，破除职务、职级终身制，规范健全党政领导干部超龄退出、竞争退出、考核不胜任退出、自动辞职、引咎或勒令辞职等相关制度。加大对党政领导干部选拔任用的监督力度，建立责任制和责任追究制，明确民主推荐、干部考察、讨论决定等各个环节的责任主体和责任内容。

2.建立企业经营管理人才市场选拔机制

优秀的企业经营管理人才必然在激烈的市场打拼中孕育，在竞争中成长。因此，要改革和完善国有企业经营管理人才产生方式，按照市场化原则，建立国有企业领导人组织选拔、市场配置和依法管理相结合的选拔任用制度，形成“能上能下、能进能出、全面开放”的筛选机制，加快国企经营管理者的产生途径从“组织配置”为主向“市场配置”为主的转变。推进国有出资人代表适度竞争上岗和企业经营人才市场化选拔，促进所有候选者平等参与公开竞争，确保企业经营管理人才素质的不断提高。同时，完善国有资产出资人代表和经营管理者考核评价、聘任和退出机制，全面实行企业经营管理者聘任制度。完善对出资人代表和企业经营管理人才的业绩考评机制，对国有资产出资人代表，要重点考核其资产（资本）运营状况和在企业重大问题等方面的决策情况，以及解决历史遗留问题的贡献度；对经营管理者，重点考核其贯彻董事会决策情况和经营状况。

3.深化事业单位用人制度改革

我国现有110多万个事业单位，3100多万名在编人员，其中67%以上是各类专业技术人员，会聚了科学、教育、文化、卫生、体育、新闻等公益事业的绝大多数优秀人才。建立怎样的用人制度关系到实施人才强国战略的成败，《事业单位人事管理条例》的颁布实施有利于转换用人机制，搞活用人制度，打破人才流动的体制壁垒和身份障碍。具体来说，一方面，应以健全聘用制度和岗位管理制度为重点，实现人员能进能出、职务能上能下、待遇能高能低的机制转换，促进由“单位人”向“社会人”转变，固定用人向合同用人转变，由身份管理向岗位管理转变，畅通人员流动出口，拓展人员正常退出渠道，形成优秀人才能够脱颖而出的用人环境。另一方面，完善岗位设置管理规范，把加强政府宏观管理与落实单位用人自主权有机地结合起来。明确事业单位岗位设置管理的政策框架与操作路径，建立分行业的事业单位岗位设置配套实施办法与具体问题处理办法。加快事业单位领导人员专业化、职业化进程，实行事业单位关键岗位和国家重点项目负责人全球招聘制度。《事业单位领导人员管理暂行规定》颁布，对于健全事业单位领导人员选拔任用机制和管理监督机制，建设一支符合好干部标准的高素质事业单位领导人员队伍，推动公益事业又快又好发展，具有十分重要的意义。

（四）建立贡献与报酬相匹配的人才激励机制

要彻底打破束缚人才激情与活力的收入分配模式，建立工资稳定增长机制，坚持按劳分配与按要素分配相结合，打破行政主导和部门分割，确立市场在项目选择、经费分配、评价成果方面的主导作用。鼓励按岗定酬、按任务定酬、按项目定酬、按业绩定酬，探索根据知识、智力、资本、技术、管理等要素按贡献参与分配的激励机制。

1.建立党政机关人员奖励制度

要完善党政机关收入分配办法，规范机关收入分配秩序，探索旨在长效激励的职业年金制度和福利制度。国务院颁布《机关事业单位职业年金办法》，规定单位按本单位工资总额的8%、个人按本人缴费工资的4%缴纳职业年金费用，作为机关事业单位基本养老保险的补充，表明职业年金制度在我国已经从理论构想进入了实际执行阶段。建立科学的晋升机制和监督机制，合理设置职级结构，增强职级的激励作用。逐步建立综合体现各种职责、能力、业绩、年功等因素，职务与职级相结合的公务员工资制度。调整机关事业单位人员工资并非孤立进行，而且为了配合已落地的机关事业单位养老保险制度改革，原则上，今后公务员基本工资标准将每年或两年调整一次，这为待遇留人创造了条件。此外，制定以部门首长为实施主体的奖励办法，根据工作业绩确定奖励方案，并相应建立奖励监管机制。

2.完善事业单位岗位绩效工资制度

坚持按业绩、贡献确定绩效津贴和实行竞争上岗、按岗定酬的收入分配制度，研究制定事业单位绩效工资与绩效考核挂钩的操作办法，搞活事业单位内部收入分配机制，重实绩、重贡献，加大对特殊岗位和优秀人才的激励力度。

3.建立完善国有企业工资调控制度

企业强化以岗位工资为主体的基本工资制度。完善企业工资增长指导线，根据经济发展的需要，重点加强行业工资增长指导线的研究，调节行业间的工资差距，促进低收入行业工资增长，控制高收入行业工资增长。推行国有企业工资调控制度，完善国有企业工资总额管理办法，对国有企业工资实行分类管理，对功能类和保障类国有企业，根据所承担的职能及社会服务特点，参照工资指导线增长工资；竞争类国有企业综合考虑工资指导线、企业经营状况及工资水平等因素，建立工资合理增长机制；对工资水平过高的国有企业，适当调节工资增长幅度。同时，建立国有企业工资内外收入监督检查制度，对工资水平过高、增长过快、内部差距过大的企业进行重点检查，督促国有企业控高、提低。眼下，规范国有企业负责人薪酬管理已成为我国工资收入分配方面的重点之一，《中央管理企业主要负责人薪酬制度改革方案》出炉表明国企高管薪酬改革进入“深入区”，有专家指出国企薪酬改革“三指向”是调整薪酬结构、规范“职务消费”和破除“隐性收入”，为整体改革指明了前行方向。

4.探索建立生产要素按照贡献参与收入分配

制定知识、智力、资本、技术、管理等生产要素按贡献参与分配的指导意见，明确资金来源、分配范围、实现途径、审核程序、鼓励措施、争议处理等。完善职务发明奖励制度，建立和完善人才拥有的专利、专有技术等知识产权作价参与经营和分配。支持将人才资本和科研成果，包括知识、管理、专利、商标、科技发明和原创科研成果等无形资产转化为货币或股权，完善科技成果作价入股、科技成果折股、股权奖励、股权出售、分红权、科技成果收益分成，探索以股权、虚拟股等形式参与分配的激励制度，实现科技成果参与分配。企事业单位可根据实际情况，选择多种生产要素参与分配的形式，如对掌握核心技术、为企事业中长期发展做出突出贡献的科技人员和管理人员进行分配激励，同时在分配比例上可以大胆倾斜，突破常规；也可采取协议工资、项目工资、专项津贴、一次性奖励、兼职收入等，实现智力要素参与分配。此外，大力支持有条件的企业对企业经营管理人才和产品开发关键岗位的技术骨干根据贡献给予一定的股权、期权激励。

5.建立健全人才表彰奖励制度

强化人才表彰奖励制度的法律法规保障，从顶层立法、系统立法和专项立法三个层面展开，突出核心制度立法和制度规范，形成从国家到地方相衔接的法律法规体系。其中顶层立法是赋予表彰奖励制度的最高法律权威，系统立法是指实体性法规与程序性法规有机结合，专项立法是指根据不同的领域和行业特点制定专门奖励法规，扩展奖励制度覆盖面。在全面梳理政府和民间各种荣誉称号与奖励项目的基础上，合理配置奖项，树立精品意识，形成一个既协调各方利益，涵盖面广，又有鲜明层次的荣誉奖项体系。建立统一的管理协调机制，健全国家层面表彰奖励管理系统、地方政府的表彰奖励管理系统和其他被授权奖励主体的表彰奖励管理系统，建成主体明确、权责对称、沟通良好的责任体系。为防止奖励可能出现的暗箱操作和贿选弊选，必须全方位地构筑监督体系。首先，从法律制度上明确监督的主客体及其相互关系，强化人民代表大会及其常务委员会监督，重视舆论监督，提高奖励透明度。其次，内部监督与外部监督并行。内部监督是指政府系统内部对奖励行为的监督，包括奖励执法监督、监察监督、审计监督，以及规章和规范性文件备案监督；外部监督指的是其他国家机关、社会团体、企事业单位及公民个人对政府奖励行为的监督。最后，事前监督和事后监督并举，避免奖励工作出现较大失误或即使出现失误也能及时纠正。充分利用媒体影响力，加强舆论宣传，加强人才奖励表彰的示范和引领功能，最终使我国的荣誉称号和表彰奖励项目形成品牌效应。

（五）建立合理有序的人才流动机制

人才流动带来人才活力，只有通过市场，人力资源才能真正实现合理配置，人才方可找到最能发挥自身价值的地方。习近平总书记关于人才工作发表过一系列讲话，其中明确提出“建立集聚人才体制机制，择天下英才而用之”。这是加快形成具有国际竞争力的人才制度优势，是推动我国由人才大国迈向人才强国的体制保证，有利于为全面深化改革提供有力的人才支撑。促进人才有序流动，关键要为人才流动扫除政策障碍，建立促进人才合理流动的机制，促进人才在体制内外、各支队伍间合理流动。

1.建立党政机关跨部门、跨系统人员交流机制

每年根据机关部门编制确定一定比例的人员进行交流，参与交流的人员接受分类培训，然后进行统一转岗交流。同时，积极探索组织安置和市场配置相结合的办法，拓宽交流人员的交流渠道，促进党政机关干部在不同部门之间、不同系

统之间的流动。参与交流的人员，可以自主择业和创业，也可以接受统一组织的转岗培训和任职再培训。

2.建立促进“人才队伍”之间的合理流动交流机制

实现人才队伍的统筹规划、综合开发，就必须打通各类人才队伍特别是党政人才、企业经营管理人才、专业技术人才三支队伍间的交流屏障，引导人才合理有序流动，促进这三支队伍的交流贯通。要研究制定促进三支队伍间交流的具体办法，切实解决身份、从业资格、职称、职级等方面的障碍，解决人才流动中涉及的相关权益问题，打破阻碍人才流动的体制性障碍。研究制定党政人才参与市场竞争、到企业任职的办法；疏通具有较好专业背景和较强管理能力的党政人才到学校和科研机构任职或兼职的渠道，研究解决职称资格；制定企事业单位人员进入党政机关工作的管理办法；等等。探索机关、事业、企业社会保险的衔接办法，做好社会保险转移接续工作，为非公有制企业人员提供更高的养老福利，促进各支队伍间社会保险待遇的相对平衡。支持广大离退休专业技术人员、管理人员以献计献策、返聘等形式服务于非公有制经济组织。

3.健全人才竞业禁止制度

梳理《中华人民共和国劳动法》《中华人民共和国反不正当竞争法》及《关于加强科技人员流动中技术秘密管理的若干意见》等政策法规中对有关商业秘密、技术秘密保护的规定，建立人才竞业禁止制度，合理界定竞业禁止的范围和对象，确定竞业禁止年限，规定劳动者在劳动关系存续期间或劳动关系结束后的一定时期内，不得生产同类产品或经营同类业务，并且不得在具有竞争关系的其他用人单位兼职或任职，也不得自己生产与原单位有竞争关系的同类产品或经营同类业务，规范人才流动的秩序。

（六）建立广覆盖多层次的人才保障机制

完善的社会保障体系是社会和谐稳定的安全阀，是衡量就业质量的重要因素。要根据“全覆盖、保基本、分层次、可持续”的指导原则，建立健全与经济社会发展水平相适应的社会保障体系。

1.建立覆盖城乡所有从业人员的社会保障体系

各类人才都要纳入社会保障体系覆盖范围，覆盖范围不仅限于国有、集体企业和机关事业单位的职工，还要覆盖合资企业、外商独资企业、私营企业、个体工商户等多种所有制形式的从业人员。参与基本社会保险方面要实现规则公平，在参保、缴费、待遇享受等方面均适用同等规则。在养老金计发上，要完善办法，更多体现长缴多得、多缴多得、晚领多得，体现公平性。制定人才在党政机关、事业单位和企业单位之间流动时社会保险关系的接续、社会保险基金的转移和按实际工作年限分段计算养老金的办法，消除人才流动的障碍，鼓励人才在党政机关、事业单位和企业单位之间合理流动。同时，建立多层次的保障体系。用人单位和各类人才在参加基本保险的基础上，应建立和参加补充保险和商业保险，逐步建立由社会保险、补充保险、商业保险构成的多层次、全方位的人才保障体系。

2.加快人才福利的制度性改革

逐步将各种福利由实物化、隐性化向货币化、规范化转变，稳步提高各类人才整体的福利待遇水平。当今社会，不同员工会有不同的选择偏好，传统的福利制度已不能满足需求，为此必须提供多样化的福利项目，使福利效用最大化，以最终实现薪酬管理的支持和激励功能。因而，以人性化管理为指导思想，在总体分配框架内，能够向员工提供多种福利组合的弹性福利制值得推崇。弹性福利制是有别于传统固定式福利的新员工福利制度，又称“自助餐式的福利”，即员工可以从用人单位所提供的一份列有各种福利项目的“菜单”中自由选择其所需的福利。

3.推行人事劳动争议的磋商申诉机制

多年来事业单位工作人员的合法权益得不到有效保障，既挫伤了职工安心干事业的积极性，也给管理者带来了诸多困扰。《事业单位人事管理条例》规定：工作人员作为平等主体可以依照《中华人民共和国劳动争议调解仲裁法》等有关规定处理与单位的人事争议，同时对不适用调解、仲裁的考核结果、处分决定或不服的人事争议，可以通过申请复核与申诉方式解决。这两条解决人事争议的途径，既能够有效维护个人的合法权益，又有利于维护国家对公职人员的纪律要求。《事业单位人事管理条例》对事业单位人事管理工作中的违法违纪行为做出严格规定，不仅赋予个人投诉、举报的权利，而且明确事业单位人事综合管理部门、主管部门和监察机关及时调查处理和监管的责任。对违反规定的行为明确了具体的法律责任，有利于纠正用人上的腐败现象和不正之风，维护人事管理的公平公正。

第二节　构建完善的人力资源发展服务体系

改革开放以来，我国大力培育和发展人力资源市场，实现人力资源从统包统配的计划配置到双向选择的市场配置，赋予用人单位自主选择权和劳动者个人自由择业权，发挥市场机制在人力资源配置中的基础性作用。目前，我国各地基本形成以各级人才服务中心、职业介绍中心、大学生就业指导中心为基础的人力资源市场配置服务体系，积极提供求职招聘、劳动人事代理、就业指导、职业培训、创业指导、社会保障、劳务派遣、人才测评、人才搜寻、管理咨询和服务外包等多种业务，人力资源发展服务水平和能级均得到显著提升。

一、构建完善的人力资源公共服务体系

我国不断加强城乡统筹的人力资源公共服务体系建设，为人力资源开发的可持续发展营造良好的服务环境。目前，我国已建立覆盖全国各地的人力资源和社会保障公共服务系统，这些机构主要为社会提供公共就业服务、人事人才服务、社会保险服务、培训服务、劳动关系协调、劳动监察、劳动争议调解仲裁等各种人力资源和社会保障服务。近年来，公共就业和人才服务机构的服务窗口已覆盖所有区县，并在大部分街道（乡镇）社区基层建立服务网络。但是，当前我国人力资源公共服务体系建设尚不完善，体现在：人才公共服务缺乏权威的综合信息服务平台和“一站式”的服务机制，人才公共服务仍存在职能定位不清、覆盖领域不宽、服务渠道不多、服务功能不全等瓶颈，对国内引进人才、海外留学人才、非公有制领域人才等群体缺乏具有针对性的服务渠道和服务产品。同时，各地区人力资源市场建设仍存在认识不统一、界定不清、信息分散等障碍。为此要不断优化整合人才评价、人才流动与档案管理、人才培训、人事信息发布等公共服务项目。

（一）构建完善的人力资源公共服务平台和服务网络

全国各地要充分整合资源，打破行业、部门、地区和所有制界限，构建由行政协调、公共服务和社会中介三个层面相结合的社会化、网络化的人力资源服务网络，建立组织网络化、功能社会化、服务产业化和竞争市场化的运作系统，为单位和各类人才提供全方位服务。完善人力资源公共服务平台和服务网络，加强人事人才公共服务的标准化建设，实施公共人力资源服务产品的标准化管理。创建统一的人力资源事务咨询服务平台，加强基层人事人才公共服务网络建设，扩大人事人才公共服务窗口覆盖面，实现一点受理、多点服务。加快开发人力资源公共服务产品，引导人力资源服务机构开发与人才培养、流动、配置等环节配套的服务项目和产品，积极为各类人才提供人事代理、社会保险代理、企业用工登记、劳动人事争议调解仲裁、人事档案管理、就业指导、证照办理等公共服务，不断提升人事人才公共服务的能级水平。

（二）建立统一规范的人力资源市场

全国各地要以“联网贯通、差别定位、互为代理、定期会商”的思路推动人才市场和劳动力市场贯通，打造机制健全、统一规范、信息畅通、服务周到的人力资源市场。建立人才市场与劳动力市场信息交换运行机制，实现各类市场信息的联网贯通。推动人力资源市场的功能整合，统一人才市场与劳动力市场服务标准，对档案管理、供求信息发布、人事代理、派遣等业务，形成面向用人单位和个人的规范化服务。健全市场政策法规体系建设，规范各市场参与主体行为，加强对人力资源市场的监管，规范人力资源市场秩序。

（三）建设人力资源信息服务平台

收集各类人才的市场供求信息，加快建设人才分类信息库，健全人力资源年度统计调查和定期发布制度，重点调查高层次人才需求、高校及大中专毕业生供求、人才市场供求状况。整合各类人才信息资源，加快企业人才信息化改造步伐，加强全方位的社区信息化建设、服务和管理，加快完善卫生、教育等社会事业重点领域的信息综合服务功能。完善人力资源基础信息数据，健全就业、社会保障等基本数据库，实现科学化、集约化、便捷化管理和服务，扩大人才信息网络规模，重点保障人才信息安全。建立社会化、公益性、开放式、覆盖全、安全性高的人才资源信息共享机制，提高信息使用效率，推动社会经济发展。

二、加快人力资源发展市场化服务体系建设

《国家中长期人才发展规划纲要（2010—2020年）》提出："在建立统一规范、更加开放的人力资源市场基础上，发展专业性、行业性人才市场。健全专业化、信息化、产业化、国际化的人才市场服务体系。"但2014年发布的《关于加快人力资源服务业的意见》才是首个关于人力资源服务业的政策文件。实践中，我国人力资源服务体系涵盖人事代理服务、人才招聘服务、人才测评服务、高级人才寻访服务、人力资源外包服务等在内的服务业态，形成包括隶属政府的人力资源服务机构、国有人力资源服务企业、中外合资人力资源服务企业、民营人力资源服务企业等在内的多层次、多元化格局。在政策鼓励和市场需求带动下，人力资源服务企业已上规模，却尚显稚嫩，相比国际水平在服务产品、服务能级、服务能力方面有很大差距。因此，亟须提高人力资源服务业的专业化、信息化、产业化和国际化水平。

（一）整体规划产业发展前景

推动市场化人力资源服务体系建设必须坚持"产业发展与经济转型升级相结合、规范管理与行业自律相结合"的原则。作为其中一支劲旅，中国人力资源服务行业发展逐渐呈现产业化、国际化、信息化等特色，为此需要加强人力资源服务业发展的综合统筹。由于人力资源市场服务体系的每个领域隶属于不同职能部门分管，建议人力资源和社会保障部（以下简称人社部）担任人力资源服务业发展的主管部门，明确其在人力资源市场建设、发展人力资源服务业和统一市场监管中的职责，调整和完善市场管理体制。由人社部牵头编制我国人力资源市场服务体系的专项发展规划，对发展战略目标、战略方向、战略步骤、重点领域、重大载体平台、组织保障体系等进行总体谋划。由人社部协调商务部、工业和信息化部、财政部、国家税务总局等部门，制定完善的产业引导政策、宏观调控政策、行业准入政策等产业发展政策体系，加强人力资源服务业发展政策的统筹整合，打破目前条块分割的局面。人力资源服务产业园是人力资源服务业空间集聚的一种新兴形式，作为人力资源配置市场化的一个重要标志，我国人力资源服务

产业园的建设呈现出星火燎原之势。

（二）放宽市场准入条件以加快市场主体的培育壮大

加快转变政府职能，重点强化政府的市场管理和公共服务职能，破除自身利益，分离公共服务和营利性服务，实现管办分离、政事分开、事企分开。整合公共服务机构，统一制度管理、服务标准和信息系统。推进人力资源服务业向市场开放，探索降低人才中介、科技中介、金融投资和管理咨询等领域民营、外资市场主体的准入门槛，研究出台降低民营、外资等市场主体的注册登记准入条件（资本规模、出资构成、人员组成、控股比例等），减少民营、外资等市场主体的进入限制，充分调动市场主体进入人力资源服务业的积极性和企业发展人才服务业的积极性，培育一批具有一定数量规模、资本实力、市场影响力的专业化人力资源服务主体，加快形成政府宏观调控、市场主体竞争、公共服务完善、行业自律规范的一体化人力资源服务市场运行格局。鼓励各种社会资本进入人力资源服务产业，吸引外资人力资源服务机构与国内相关机构合作，以扩大服务外包、管理咨询等服务业对外开放为重点，通过引进国外优质产业资源和技术模式，加快提升人力资源服务业的国际化水平。探索外资控股设立中外合资人才中介机构的政策，通过政策引导积极吸引国际知名人力资源服务机构进驻，逐步放开对外资人才中介服务机构的业务限制。

（三）积极培育知名品牌企业

不断提升高端服务产品的供给能力，提高人力资源外包服务、人力资源战略决策、人力资源管理咨询、人员培训测评、猎头服务等高端产品的比重，支持人力资源服务机构积极创新产品，进一步放开业务类型，减少业务限制。人才中介、金融投资和管理咨询等人力资源服务领域的多种业务项目要尽可能地向所有市场主体开放，取消在人才中介、科技中介、金融投资等人力资源服务领域存在的从业主体限制，如应允许国内外人才中介机构开展包括人事档案管理、因私出国政审等人事代理事项在内的业务；支持民营企业与政府部门合作，参与人才招聘、职称评审、人才培训等项目外包服务业务；加快金融投资领域部分有限制的业务内容向中小金融机构开放。同时，积极扶持国内上规模、有名望的人才中介机构拓展国际人才中介业务，推进人才中介国际化品牌建设。整合提升现有公共性和市场化人力资源服务机构，通过兼并重组、战略合作、要素倾斜等形式，大力发展一批规模大、实力强、商业模式优、运行水平高、品牌影响大的人力资源服务专业机构，鼓励在薪酬设计、人才测评、人才培训、人才管理咨询等领域进行服务创新，并形成若干具有自主知识产权的产品，打造具有国际竞争力，能够在国内、国际两个市场配置资源的人才中介“航母”，培育具有示范价值的品牌项目和具有复制效应的运行机制，并在全国推行连锁经营。

（四）加大人力资源服务业的产业扶持政策力度

在把人力资源服务业明确列入国家产业目录的基础上，将人力资源服务业作为现代服务业重点发展项目，把促进现代服务业发展的优惠政策全面延伸到人力资源服务业，围绕产业目录、统计口径、从业标准、行业标准和品牌认证等环节，制定鼓励离岸服务外包、引导外资从事离岸外包业务和适度限制外资进入劳务派遣等政策。围绕人力资源服务法规体系建设、公共服务政策、产业扶持政策等，制定人才中介、科技中介、金融投资、管理咨询等行业的专项法规及配套条例，推动人力资源服务业规范、有序、健康发展。参照国家关于支持现代服务业和服务外包发展的有关政策，根据人力资源服务企业增加数、营业收入、税收等形成的经济贡献度，尽快启动产业政策体系构建。争取现代服务业财税政策试点和政策创新试点工作，放宽人力资源服务业股权及投资限制条件，制定并落实包括房租补贴、贷款贴息、税收优惠、财政支持、服务创新、中小企业融资、培训补贴等在内的一揽子政策和配套措施。同时，加大对人力资源服务企业研发平台的财政支持力度，支持企业开发高级猎头、高端培训、服务外包、管理咨询、市场拓展等产品，延伸高端产业服务链，提升企业效益。

（五）促使各类优秀人才向人力资源服务产业集聚

制订实施人力资源服务的人才引进和培养计划，建立人力资源服务业从业人员考试和培训制度，形成国家统一的从业人员职业资格制度，完善人力资源服务业职业标准，重点探索建立服务外包、管理咨询、培训、测评等专业领域职业资格认证，把人力资源服务业从业人员纳入专业技术人才认证范围，形成人力资源服务业专业技术水平评价体系。编制人力资源服务业专业人才开发目录，打造一批以产业经营及管理人才、专业顾问（咨询、测评、职业咨询等）和市场运作

（市场、营销、策划）人才等为重点的人才队伍。通过组建人力资源商学院模式，加强高等教育和职业教育人力资源专业发展，建立一批人力资源服务业人才培养培训基地。建立健全与国际接轨的人才使用、流动、评价和激励机制。建立完善人力资源服务业高层次人才信息库，定期引进或者委托引进紧缺急需的国际化人才特别是有海外著名人力资源服务机构从业经验的优秀人才。加快产业人才及职业经理人群体塑造，运用市场化机制有序引进一批具有国际视野和产业意识并精通产业运营管理的职业经理人团队，同时通过产业人才群体塑造为人力资源服务产业发展提供有力的职业化人才队伍保障。

三、构建完善的科技创新服务体系

当前，我国科技创新公共服务体系运行机制及科技资源配置的有效共享机制均有待完善。科技资源共享能帮助企业充分利用资源，实现技术、知识、人才和信息资源的完整对接和融合；在国家层面上，以国家战略产业的发展需求和提升地区高端产业的技术创新能力和核心竞争力为出发点，持续整体提升国家的自主创新能力和国际竞争力。

（一）建立科技资源配置的共享和协作机制

要加快建设高效共享的创新服务体系，建立科技资源配置的共享和协作机制。以重点实验室、工程技术中心等公共技术领域平台建设为重点，促进大型科学仪器、重要科研设备和公共实验室的开发共享，引导国家和社会力量，到高科技园区和民营企业相对集中的区县，建立科研基础设施、专业技术服务中心和科技数据、技术标准信息库等基础性平台，实行科技公共设施“零门槛”开放制度，为人才科技创业提供服务。同时，推动科技型企业、研发机构孵化基地建设，依托科技情报机构、高等院校和图书馆等联合建立专业化、资源共享的科技数据库和科技信息网。

（二）建设科技创新研发服务平台

由政府出资兴建一批公共实验设备平台、技术装备平台、行业技术中心、区域技术中心、虚拟科技研究开发中心、行业技术创新服务中心等科技创新公共服务平台，进一步完善科技资源共享的条件和技术交流的平台。各地已建成的科技创新公共服务平台要发挥实效，提高使用效率。推进企业、高校和科研机构的产、学、研合作，鼓励各类企业和组织建立各种形式的科技研发联盟。加快建立适合科技型企业特点的信息和共性技术服务平台，支持科技型企业孵化基地建设。鼓励支持各地区面向当地的产业发展方向和企业创新研发需求，进一步优化重点实验室、工程实验室、工程（技术）研究中心等研发基地布局。加强国家级科研机构、高等院校和大型企业的战略合作，共同建设大科学工程、研发和产业化基地，形成对创新科研成果转化的稳定支持机制。

（三）加快培育技术市场

要进一步完善科技成果交易平台功能，健全技术交易网络，充分发挥技术产权交易所的作用，健全技术产权交易运营制度，推动科技创新团队科技成果转化。大力培育发展技术市场和科技中介组织，拓宽科技成果推广平台和转化平台，加快科技中介服务机构为企业提供科技咨询、技术推广、科技成果转化和技术转让等专业化服务。加快科技创新中介服务体系建设，对与技术转让、技术开发相关的技术咨询、技术服务获取的收入免征营业税，大力发展技术经纪人制度。

（四）加强知识产权的保护、运用和管理

知识产权保护执行力不足会影响创新的积极性，对此要加强知识产权保护的法制建设和执行力，加强专利保护、竞业禁止和科技人员流动中技术秘密管理等相关法律法规的制定和完善，形成有偿使用研究成果和专利的社会氛围。同时，加强商业秘密、技术秘密保护，杜绝恶意挖角，防止侵害企业知识产权的行为，规范人才流动秩序。充分发挥行业协会的作用，赋予其维权、监督职能。培育多种形式、不同层次的知识产权专业服务机构，形成融交易服务系统、信息服务系统、保障服务系统为一体的知识产权服务体系。同时，要加强知识产权的保护、运用和管理，加强市场秩序监管，改善技术成果应用推广的法治环境，细化相关法律法规，增强可操作性和提高透明度，让执法部门为企业从事技术创新和成果应用保驾护航。探索建立重大科技、经济活动知识产权审议机制，加强战略性新兴产业知识产权保护，推动建立产业专利联盟，鼓励通过转让、许可等各种方式促进知识产权成果产业化、商用化。注重对专利的转移和运用，对原创性自主知识产权的转化在科技计划安排和经费投入上予以倾斜，对具有市场前景的专利技术实施项目给予资金支持。修订完善专利资助办法，加大对企业申请专利、申请发明专利和国际专利的支持力度，强化对知识产权的政策扶持，引导企业运用知识产权提升竞争力。企业要切实保障创新人才作为专利发明人或设计人的权益，在税后收益中提取一定比例作为报酬。完善专利信息平台及应用服务系统和专利预警、维权援助机制，鼓励拥有自主知识产权的创新团队积极参与国际标准、国家标准和行业标准制定，防范应对国际技术壁垒。

四、构建完善的人才创业扶持体系

当前，创业发展的条件和环境亟待改善，其“瓶颈”主要体现在创业投融资渠道不够畅通，创业企业经营运行成本偏高，对创业企业的公共服务效率低下等。中共十八大报告提出“促进创业带动就业”，《中共中央关于全面深化改革若干重大问题的决定》明确要求“完善城乡均等的公共就业创业服务体系”。创业孵化基地是公共就业创业服务体系的重要组成部分，是落实创业政策、开展创业培训和创业服务的重要阵地。

（一）完善创业企业投融资服务体系

对于较成熟的企业而言，初创企业需投入更多的资金，风险也更大，而且一些小微型创业企业实力较弱，社会信誉度不高，融资较为困难。为此，要增加财政对创业企业尤其是科技创业企业的稳定投入，建立创业企业投融资平台，完善投融资运行机制，拓宽企业投融资渠道。健全投融资服务体系，以财政专项资金为杠杆，形成天使基金、风险投资、产业基金、商业贷款、担保公司、孵化器等多层次多方面的资金支持系统，建立政策和资金联动的技术创新金融支持体系，用好用活财政部、人社部、中国人民银行牵头的小额担保贷款财政贴息制度，对合格的创业项目提供稳定的财政支持。要研究制定地方国资创业投资管理办法，完善评价激励机制和风险退出机制。通过培育与扶持融资担保机构，通过国有融资担保机构，积极为创业企业提供融资担保业务，降低银行信贷风险及管理成本。建立完善国有担保机构融资担保免责机制和风险补偿机制，对形式合法的融资担保坏账进行免责处理。当然，更重要的是发挥市场力量。

（二）整合资源降低创业商务成本

大力发挥政府创办孵化区的优势，通过降低创业经营场地租金、给予租金补贴、提供免费创业场地及减免其他行政杂费等措施，降低初创企业的商务成本。一是要着力降低创办企业的场地租金和住房成本。加大租金补贴力度，为创业企业直接提供一定的租金补贴。二是着力降低创业企业的用人成本。建立适应创业企业特点的劳动合同政策和社会保险政策，可通过实行灵活工时制度、岗位共享、培训政策补贴、缓缴部分险种的社会保险费、给予就业补贴或社会保险费补贴等措施，减轻企业创业阶段的用人成本压力。

（三）对科技创业项目实行鼓励性税收激励优惠政策

对初创阶段的小微型科技创业企业的税收优惠政策时限，由通常的2~3年延长为4~5年，减免创业初期未盈利阶段的增值税或营业税，切实减轻税收负担。对科技人才创业项目实行企业研发投入的税前扣除等激励政策。对于科研成果产业化取得重大利润的科技型企业，可在若干年内免征地方税收。为鼓励企业研发，要建立企业所得税返税制度。提升科技创业企业职工教育经费提取比例，加强对科技人才培养的税收支持。对创新创业人才的收入实施灵活的个人所得税征收办法，探索在税前列支企业年金、补充性商业保险等项目，尽可能避免双重征税，并设立政府专项资金给予一定的政府奖励性补贴。对科技创新人才以技术入股、期权激励所获得的股权收益，减征或免征个人所得税。

（四）提高人才创业服务效率

提升政府审批管理效率，建立企业创业发展服务体系，提高面向创业企业的服务水平。可从以下三个方面着手：一是提高政府行政管理部门审批服务效率。改革工商登记制度，推进工商注册便利化，简化企业注册审批程序，缩短企业注册审批时间。二是加强政策宣传和信息沟通。由政府整合信息资源，建立权威的创业咨询服务信息网站，规范发布创业扶持政策和相关信息，促使政策宣传能及时到位。通过推进大型专业网站建设和信息发布平台建设扩大信息提供量，提高专业化程度，节约科技创业者获取信息所花的时间、精力和资金投入。三是建设优质高效的人才创业服务体系。建立科技创业人才服务“绿色通道”，简化人才创业发展、资格评价等方面的审批程序，充分发挥政府部门在咨询服务方面的作用，为创业者提供项目申报、办公场地、注册登记、方案设计、风险评估、开业指导、融资服务、人才资源服务、市场开发、知识产权保护等服务。

第三节　优化人才发展综合环境

环境之于人才，犹如水之于鱼。从某种意义上说，环境影响甚至决定着人才的追求方向和目标选择。各级党委、政府要增强竞争意识和忧患意识，重视人才环境建设，把人才发展综合环境营造纳入重要议事日程，确立“一把手”抓“第一资源”的工作机制。要以更加开放的姿态和胸怀接纳全球各种优秀文化和优秀人才，不断改善人才发展综合环境，以宽松宽容的社会环境、良好的居住环境，吸引各类人才。

一、健全人力资源宏观管理体制

人力资源是现代社会与经济发展的第一资源，科学高效的人力资源宏观管理已成为各国增强综合国力的核心议程。此处的人力资源宏观管理是指国家（或政府）通过分析人力资源社会总供求的市场运行行为和配置机制，运用经济、法律、行政等宏观管理手段，对全国范围或某一地区的人力资源供求、结构、配置等方面进行宏观的规划、调整、干预，使得人力资源总量达到均衡，结构得到优化，并与国家或地区的经济结构和产业结构相适应。

（一）健全人力资源管理工作体制

明晰职责，统筹协调，形成人力资源开发管理工作的整体合力。其中，各级组织部门作为牵头抓总部门；人力资源和社会保障部门要发挥职能部门优势，在构建人才服务体系、推动人才队伍建设等方面履行职责；各级党政机关和企事业单位发挥好培养、吸引、使用人才的主体作用；工会、共青团、妇联等人民团体和各类社会组织要发挥好自身优势，为人才队伍建设发挥辅助作用。同时，还要注意加快转变政府职能，变“管理人才”为“服务人才”。不少地方政府在人才工作中干预过多，“管”的痕迹明显，没有按照市场经济规律来服务企业、服务人才。未来，政府人才管理职能要向提供优质公共服务、创造良好发展环境转变，围绕用好用活人才，把服务企业、服务人才这篇文章做足。

（二）完善人力资源开发服务的网络体系

完善人力资源开发管理工作领导体制，加强各地人才工作领导小组办公室的职能，尤其负责人才工作的宏观指导、综合协调和监督检查，形成横向配合、上下联动的工作格局。建立党委、政府“一把手”抓“第一资源”的目标责任制，把人力资源开发管理工作纳入经济社会发展总体规划，列入经济社会发展主要指标。还要把人力资源发展纳入各级党政领导班子的重要考核内容，提高各级党政领导班子综合考核指标体系中人力资源开发管理工作专项考核的权重。加强督促检查，总结推广典型经验，及时发现和解决存在的问题，保证人才队伍建设各项任务落到实处。就人才管理机制自身而言，突出问题是仍然有很多“大锅饭”，物质激励不足，精神激励更不够。从根本上说，要形成“四个尊重”（尊重劳动、尊重知识、尊重人才、尊重创造）的制度和文化，着力改进人才的激励分配制度和荣誉表彰制度等。

（三）加强人力资源发展规划及规划的监测评估工作

各地人才工作领导小组要负责人力资源发展规划实施的统筹协调和宏观指导，制定各项目标任务的分解落实方案和重要政策、开发平台、重大计划的实施办法，建立人力资源发展规划实施情况监测指标体系和监测报告制度，明确责任主体，形成完善的监测、评估、考核机制。加强督促检查，充分发挥各方面的积极性和主动性，共同推动规划的组织实施。认真做好人力资源发展规划的纵向对接和横向融合，加强与国家人力资源发展规划的对接，与当地国民经济和社会发展规划的衔接，与科技规划、教育规划和各类产业规划的配套互通，建立健全人力资源发展规划的动态调整和有效落实机制，形成上下对应、左右协调、互为衔接、落实有效的人力资源规划体系。

二、优化人才生活居住环境

环境好，则人才聚、事业兴；环境不好，则人才散、事业衰。当前，我国在人才生活居住环境方面主要存在两大问题：一是房价抬升过快导致生活成本提升过快，二是人才生活配套服务有待改善。优质的教育、医疗资源在全国各地都是稀缺资源，子女教育、医疗等方面存在的诸多不便使得生活成本相对较高，这既给人才引进工作带来了困难，又给留住人才增加了难度。同时，城市生态环境污染的问题在部分地区也较为突出。各种迹象表明，营造良好的外部环境确有其必要性。

（一）多渠道地解决人才住房问题

在房地产价格偏高的城市实施“人才安居工程”，在坚持市场化运作的前提下，通过政府资助和调控，缓解人才住房难问题。探索实施高层次人才住房补贴和奖励政策，对高层次人才住房进行综合资助，对急需引进的高层次人才，可由行业主管部门和引进单位一次性给予购房补贴或优惠购房政策。加快推进人才公寓、专家楼、公租房、人才会所建设，完善经济适用房覆盖人才的政策运行机制，多渠道满足各类人才阶段性住房需求。实行优秀人才租房补助制度，建立由政府、用人单位和人才三方共担的住房补贴机制。在产业集聚区、高科技园区、大学园区，集中建设人才公寓，在土地出让金、建筑容积率等方面给予政策倾斜，支持单位自建租赁房。将公共租赁住房覆盖青年职工、引进人才和外来务工人员。研究出台住房公积金支付房租的政策，缓解房价压力，灵活解决人才住房难题。

（二）加强人才的生活保障和配套服务

进一步加强人才的生活保障和服务，完善中、高级职称人才健康体检、考察学习、医疗休养制度，帮助解决就医、子女入学、家属就业等方面的实际困难。优化医疗环境，深化医疗改革，加强社区卫生服务中心建设，解决“看病贵、看病难”的问题。优化教育环境，积极培育优质教育资源，普遍提升中小学教育水平。优化文化环境，加强文化载体建设，满足各类人才的精神文化需求。2013年《出境入境管理法》实施，逐步建立了我国移民出入境法律制度，但该法律制度存在着体系不健全、制度不完善、竞争力不强与经济社会发展互动性不够等诸多问题。有鉴于此，需要加紧制定、完善中高层次人才出入境、居留等优惠政策；简化出入境手续、降低居留门槛，为外国人才来华工作提供便利，以此平衡外流的人才。例如，韩国近年来屡屡降低“门槛”吸引优秀人才，推出吸引优秀技术人才的“出入境特惠卡”制度，对外国高级人才实行网上签证申请和审查程序。又如，印度基于对人才的需要和海外强烈的放松双重国籍政策的呼吁下而推出印度海外公民证计划和印度裔卡计划，其中前者针对原籍或双亲、祖父母为印度公民的印度裔海外人士，后者针对在海外成长的印度裔后代（第四代及以上），海外印度人才持有海外公民证或印度裔卡者在购房、医疗、社会保障、所得税、贷款、知识产权保护等方面都享有本土公民待遇，系统性地满足了海外印度裔人士的多层次需求，极大地促进了海外人才的回流与环流。这些做法均值得我国借鉴。

（三）加强城市生活配套设施建设

《国务院关于加强城市基础设施建设的意见》明确指出“民生优先”是基本原则，为此应当建设完善的城市基础设施，优化人才生活环境。进一步加大购物广场、学校、公共图书馆、医院、文化场所等公共配套设施的建设力度。制定相关政策，着力解决空气污染、水污染等环境问题，优化各类公园、公共绿地及住宅小区绿地分布结构，大力改善城市生态环境。花大力气解决城市交通结构不合理的问题，加强交通设施建设，大力发展轨道交通，提高公共交通运营效率，以公共交通的发展缓解城市交通拥堵现象，倡导步行、骑车等绿色出行习惯的形成。

三、优化社会人文环境

当前，社会创新氛围仍需进一步培育。企业的创新意识不足，有的企业经营者安于现状，对眼前利益关注多，长期发展的创新动力弱，在创新精神、风险意识、竞争观念及开放兼容等人文价值取向方面均与创新型国家建设要求有较大差距[①]。同时，创新文化培育力度不够，社会创新氛围不浓，社会对创新缺乏应有的理解和支持，鼓励创新、宽容失败的氛围远未形成，人才开拓创新的进取心和创业热情不足。

（一）确立科学人才观和人力资源全员开发的理念

虽然人力资源是软实力，但环境建设却需下硬功夫。对于人才来说，舆论环境、工作环境、生活环境三者缺一不可。确立以人为本的理念，突破唯“职称+学历”的人才评定误区，坚持以品德、知识、能力和业绩为衡量的主要标准。树立人力资源全员开发的新理念，深度开发每个人的价值，在竞争中发现人才、使用人才、造就人才，做到不拘一格选拔人才，为每个人提供一个公平竞争的舞台，进而推动形成社会尊重人才、人才服务社会的良性互动格局，使每个人的创造潜能得到最大限度发挥。用良好环境凝聚人才，用优质服务吸引人才，用合理待遇激励人才，从而为中国经济行稳致远集聚更大力量。

（二）营造鼓励创新、宽容失败的社会风尚

积极培育创新意识和创新精神，大力倡导敢于创新、敢冒风险和宽容失败的精神，为创新创造有利条件。要打破因循守旧的保守思维，努力形成探索进取、自强不息的社会风尚与全民共识。例如，新加坡凭借宜居环境、教育公平、创业宽松、学术自由、文化包容等优势，已在全球延揽了大量高端人才。中国人事科学研究院原院长吴江在总结人才培育策略时提到：最好的人才环境是法治环境，最有竞争力的人才政策是开放政策，最能激发人才创新活力的舞台是宽容失败。可见，营造宽容失败、鼓励争鸣的创新氛围，允许人才创新失败与给予更多的物质支持同等重要。同时，破除迷信权威的落后观念，鼓励人才敢于挑战权威，支持他们发表新见解、新主张。此外，还要摒弃急功近利、急于求成的浮躁习性，倡导淡泊名利、坚持不懈，提倡“十年磨一剑”的创新求索精神、“敢为人先”的大无畏精神，形成“天下英才为我所用”的格局。

---

① 罗继荣，刘建华.一论改革完善我国科技人力资源开发与管理制度——科技人力资源开发管理制度建设目标的正确定位与“三位一体”制度的构建[J].科技情报开发与经济，2005，21：234-235.

（三）营造重才、爱才的舆论氛围

大力宣传中央关于人才工作的方针政策，牢固树立人才资源是第一资源的理念，借助网站、报纸杂志、广播电视等媒体，宣传优秀人才的先进事迹和人才工作的先进经验，提高全社会对人才工作的知晓度和认同度。大力提倡企业树立“尊重人才、信任人才、团结人才”的管理理念，积极营造“鼓励创新、支持创业、尊重创造”的企业文化氛围，创造学术争鸣、宽松自由的学术环境，鼓励企业支持创新人才大胆探索、勇于创新，并以共同的文化、成就感和认同感凝聚科技创新人才。营造关心人才、爱护人才、理解人才，努力为各类人才提供开放、宽容、宽松的舆论氛围，培育鼓励创新的社会风尚，最大限度地满足各类人才身心健康、相互交流、学习提高、创新创造的需要，营造集体体验，聚焦“名利双收”，激发人才建功立业的热情。

第三章　未来我国人力资源开发的战略目标与实施路径

第一节　未来30年我国人力资源开发的目标与定位

改革开放带来农村劳动力大规模转移和城镇就业的持续扩大，廉价且充裕的劳动力资源成为中国经济腾飞的主要因素①。但是最新的调查数据显示，“人口红利”时代即将结束，中国的劳动力人口日益老化并逐渐步入退休年龄。15岁至59岁的中国劳动年龄人口预计将在2023年之后减少，到2050年，被称为“银发人群”的60岁及以上人口将从2020年的约1.65亿人激增至近4.4亿人，届时将占中国人口总数的34%左右。中国未来经济发展需从劳动力数量增长拉动转变为劳动力素质提高驱动。为了确保2050年基本实现现代化的宏伟目标，我国必须确立人力资源开发在国家建设中第一资源的战略地位，以加快建设人力资源强国为战略目标，有步骤、有计划、有的放矢地推动整体人力资源水平提升，提高人才国际竞争力，努力追赶与发达国家人力资源开发水平之间的差距，实现从人口大国向人力资源强国的迈进。

当今世界各国的竞争，主要是科技和人才的竞争，拥有人才很大程度上就意味着掌握未来国际竞争的主动权，人力资源的开发与使用直接关系到一个国家综合国力的强弱。有鉴于此，我国应对自身在世界格局中的地位有着清晰的认识，确立“优先投资于人”的全面发展理念，通过提高人口素质、开发人力资源，将人力资源的潜在优势转化为人力资源的竞争优势。实现人口大国向人力资源强国

① 郭济.加速人力资源开发实施人才强国战略[J].中国机关后勤，2002，12：12-15.

的历史性转变，业已成为国家人口发展乃至整个经济社会发展的基本方向与战略定位。

一、未来30年我国人力资源开发的总体目标

在过去近半个多世纪里，包括中国在内的很多发展中国家“赶超战略”的演变脉络，呈现出一种“由盲目赶超向逐渐回归以人为本”的基本趋向。即先是奉行一种以追求经济增长为要旨和目标的传统战略，后来演化到注重平衡和协调发展的结构调整型战略，最终回归到满足人们基本生活需要作为第一要务的新发展战略。人口数量多、整体素质偏低是中国的基本国情。今后40年在复杂的历史因素耦合作用下，“人口大国”既潜藏着巨大的人口红利和发展潜力，也意味着沉重的老龄负担和就业压力，如何平衡与抉择短期“中国制造”的劳动密集型优势与长期“中国创造”的人力资源优势、深度开发和优化提升人力资源水平，是未来中国建设人力资源强国必须直面的重大战略课题。

有学者曾以15岁以上人口人均受教育年限（初等教育当量年）作为人力资本积累水平的衡量指标，以人均GDP作为衡量经济发展水平和经济赶超的直接指标，经过定量研究发现，在人类现代化进程中曾经发生过三次后进国家和地区成功赶超先行者的典型范例。第一次是在1871—1913年美国赶超英国。在初期，美国经济发展水平相当于英国的75.3%，人力资本水平相当于英国的88.3%；到了末期，美国经济发展水平相当于英国的105.5%，人力资本水平相当于英国的91.2%。第二次是在1953—1992年日本赶超美国。在初期，日本经济发展水平相当于美国的19.6%，人力资本水平相当于美国80.8%；到了末期，日本经济发展水平相当于美国的90.1%，人力资本水平相当于美国的82.4%。第三次是在1965—1992年韩国赶超西欧。在初期，韩国经济发展水平相当于西欧国家的24.3%，人力资本水平相当于西欧的58.3%；到了末期，韩国经济发展水平相当于西欧的57.5%，人力资本水平相当于西欧的84.9%。从这三次赶超案例可以提炼出如下规律：在经济赶超之前，人力资本积累已经有相当基础；在经济快速发展、进入赶超阶段时，人力资本积累已经达到相当高的水平。一般而言，在追赶国经济发展水平相当于先行国20%的时候，其人力资本水平已经达到先行国的40%；当追赶国经济发展水平达到先行国的40%时，其人力资本水平一般都在70%左右；当追赶国经济发展水平达到先行国80%的阶段时，其人力资本水平基

本上接近先行国的水平。这种采用单一指标来判断经济发展水平与人力资本水平的方法虽然过于粗略，但大致说明了一个基本事实：人力资本积累在现代化国家竞争博弈中具有特殊的依托地位和先导作用，随着现代化进程不断向知识经济时代逼近，这种特性表现得越发突出。

特别值得关注的是，我国人口的老龄化特征在本阶段将表现得尤为明显。人力资源和社会保障部的研究显示，由于人口基数大，预计中国在21世纪30年代进入老龄化高峰，并在高位保持30至40年时间。初步测算，到2050年，中国每4个人中就有1个为老年人。为此，在倡议加强劳动年龄人口人力资源开发之外，从挖掘老年人口潜力这一视角出发，指出当前低龄老年人力资源丰富但利用率偏低且开发滞后，障碍重重。在全面实行经济发展方式的转变、统筹协调经济与社会发展、进一步加快城镇化的进程中，老年人力资源开发孕育着重要机遇。据其分析，中长期内我国对老年人力资源的需求将呈上升趋势，主要基于两个因素的考虑：一方面是产业结构调整带来的新需求。未来10年，中国将转变经济发展方式，加快发展第三产业。由于第三产业对劳动者体力的要求比第二产业有所下降，同时对沟通能力等的要求上升，故而对老年人力资源的需求将上升，带动更多的老年人就业。另一方面是劳动年龄人口变化对老年人就业的需求。全国范围内16~59岁的劳动年龄人口不断下降，由2021年的9.2亿逐步下滑至2050年的7.0亿。同时，随着受教育程度提高、收入增加、社会保障完善等，劳动年龄人口劳动参与率将呈下滑趋势，从而增加对老年人力资源开发的需求。报告还建议，可以根据老年人力资源的知识积累优势、经验优势、时间优势、资深辈高优势、人脉优势，结合市场和社会对老年人力资源的需求，重点开发技术服务、参谋咨询、创办企业、公益服务、代际合作、家务劳动等领域。

作为全面建设小康社会、国家现代化建设的基础战略，人力资源开发战略必然要与国家社会发展宏观战略相匹配。根据国家在2050年实现现代化和中华民族振兴的总体战略部署，清醒认识21世纪中国在国际竞争格局中的地位，既要充分发挥人力资源规模宏大的比较优势，又要尽快提高人力资源开发质量以提升人才竞争力，我们认为未来30年中国人力资源开发的总目标是建设人力资源强国，实现从人力资源大国向人力资源强国的战略转变。其目标和任务是：立足我国人力资源数量庞大的基本国情和现实状况，以教育和医疗等领域制度创新为根本驱动力，以全面构建现代国民教育体系和终身教育体系为基础，形成有活力、可持续的人力资源能力建设制度体系及运行机制。全面提升人力资源教育开发能力，全面提高全民族的思想道德素质、科学文化素质和健康素质，着力营造良好的人才发展综合环境，加强高层次创新人才队伍和高技能人才队伍建设，大力提高人力资源市场配置能力，促使大量优秀人才不断涌现，形成规模宏大、素质优良、结构合理、发展均衡、极具竞争力的人才队伍。激发人才活力，提高人才能力，不断调整优化人力资源结构，实现产业发展与人才发展的有效衔接和协调互动，同时以人力资源优势支撑和推动产业结构升级，以人力资源优势引领和支撑政治经济文化发展，实现由人口大国向人力资源强国的转变，在21世纪中叶稳步迈进世界人力资源强国行列。

二、从世界各国人力资源发展水平看我国的发展定位

人口众多、劳动力资源丰富是中国的基本国情。在世界10个人口超过1亿的人口大国中，我国劳动力人口占总人口的比重排名第一，具有明显的比较优势。21世纪以来，我国加大人力资源开发力度，实行教育优先发展战略，全面普及九年义务教育，基本扫除青壮年文盲，高中阶段普及率大幅提高，职业教育得到重点发展，高等教育进入大众化阶段，人力资源受教育水平显著提升。

近年来，多部人类发展报告表明，全球多数国家的人类发展水平正在稳步提高。科技、教育的进步和收入的增加为人们过上更长寿、更健康、更安心的生活提供了可靠的保障。中国以“崛起的巨人”之姿在世界舞台崭露头角，在经济总量稳步增长的同时，与发达国家相比，我国现行人力资源开发仍处于较低水平。未来中国要实现全面建设小康社会和基本实现现代化的战略目标，人力资源具有不可替代的重要作用。充分发挥人力资源开发在促进我国综合国力和国际竞争力方面的作用，是实现我国国家发展战略目标的必然选择。因此，从国情出发，确定未来我国人力资源开发的目标，探讨符合我国国情的人力资源开发策略，同时要以国际视野，从我国与世界各国人力资源发展水平的差距来明确自身定位，清楚地界定我国未来人力资源开发的阶段目标和实现路径。

在对世界各国人力资源发展水平进行判断和定位上，有研究认为，可将一个国家或地区的人力资源开发水平分为低层次、中等层次、中高层次、高层次四个阶段，估计我国正从人力资源开发低层次向中等层次迈进。

第二节　人力资源强国建设的蓝图勾勒

中国正面临着比过去更为复杂的人口发展形势，中国经济社会发展也正在经历着一系列历史性、战略性转变：经济社会体制正处在“市场化转型”的关键时期；经济发展模式正在由“低成本外延扩张”转向“高附加内涵提升”；经济社会结构也正在由“不平衡、不全面”的小康社会走出，转向重点关注民生、全面建设小康社会。从人口大国转变到人力资源强国，是21世纪初期中国实现经济崛起、社会转型和文化复兴，急需研究解决的一个全局性、长期性、具有战略意义的重大议题。

一、人力资源强国建设的必要性

我国是世界第一人口大国，21世纪以来国内人力资源开发水平不断提高。我国实现了从人力资源发展低水平国家行列跻身人力资源发展中等水平国家行列。从国别的横向比较看，我国人力资源发展水平依然偏低，与美国、加拿大、日本等人力资源强国还存在相当大的差距。

（一）建设人力资源强国是推动科学发展、实现经济增长方式转变的根本保障

我国发展中不平衡、不协调、不可持续问题依然突出，科技创新能力不强，产业结构不合理，农业基础依然薄弱，资源环境约束加剧，制约科学发展的体制机制障碍较多，深化改革开放和转变经济发展方式任务艰巨，贯彻落实科学发展观、实现经济增长方式根本转变刻不容缓。科学发展观的实质是实现全面、协调和可持续发展，要把握发展规律、创新发展理念、转变发展方式、破解发展难题、提高发展质量和效益。经济健康、可持续发展的关键在于改变增长方式，从主要依靠高投入、高消耗转移到主要依靠科技进步、提高劳动力素质和提高经济效益的轨道上，提高知识型产业在经济结构中的比例，提高人

力资源利用水平与效率，提高自主创新能力和加快技术进步。当今知识创新已成为经济发展的持续动力，人的数量、质量和作用越来越成为决定经济增长快慢的核心要素。长期以来，我国经济发展主要依赖廉价劳动力及消耗大量自然资源，虽在短期内消除了贫困，但也因过度开发等原因给局部生态环境带来不可逆转的破坏。依据“六普”数据建立的人口仿真模型预测，在2021年以后相当长时间内我国劳动力资源供给总量呈现逐年下降趋势，人口数量红利时代即将结束。为之于未有，治之于未乱。未来中国经济增长必须依靠劳动力素质提高，从以数量投入为主的人口红利转换到以质量取胜的人口红利，为此要加快人力资源能力建设和实施人才培养工程，为落实科学发展观、转变经济增长方式提供坚实基础。

（二）建设人力资源强国是应对经济全球化挑战、提升国家核心竞争力的核心动力

当今时代，日益加剧的国际经济与贸易竞争背后是产品的成本竞争和创新竞争，科技创新能力已成为国家核心竞争力的关键所在，竞争优势进一步向拥有先进技术和创新能力的国家倾斜，而决定先进技术和创新能力的关键是人才特别是高新技术人才的数量和质量。与发达国家相比，我国的科技水平和创新能力较低，能否抓住知识革命的机遇，迅速提高人力资源开发水平已成为提升国家综合竞争力和应对经济全球化挑战的关键所在。

经济全球化使人力资源开发直面激烈的国际竞争。经济全球化引发人才流动全球化，在日趋激烈的国际人才争夺战中，各国在依靠教育加速培养、使用和留住本国人才的同时，纷纷制定人才战略加大吸引集聚国外人才的力度。采取的主要手段有制定开放的移民政策、提高薪金待遇、创造优越的工作条件、制定优惠的留学政策、加强国际学术交流与合作巧用外国智力等。对此，中国必须坚持以我为主、按需引进、突出重点、讲求实效的方针，倾力参与这场国际人才争夺战。

（三）建设人力资源强国是全面建设小康社会、基本实现国家现代化的必然选择

我国现代化进程分为基本实现小康、全面建设小康和基本实现现代化三个

阶段。我国确立了2000年如期实现基本小康，2020年实现全面建设小康社会，到2050年基本实现现代化的宏伟目标。综合国力和国际竞争力的增强、经济结构的调整、社会主义民主法制的完善、全民科学文化素质的提高及可持续发展能力的增强，都离不开各行各业的高素质人才，人力资源开发已成为我国经济社会发展的核心动力和根本途径。加强人才资源开发和利用，重点是创新人力资源开发管理的工作体制机制，营造良好的人才发展环境，充分发挥人才的积极性和创造性，推动经济良性运行。

我国是人口众多的发展中国家，产业结构调整、城镇化发展、提高经济运行质量和提升国际竞争力等重大战略性问题难以回避。因此，抓住时代赋予的机遇，探索适应科教兴国和人才强国战略要求的先进教育制度，扫除制约教育发展的体制性障碍，提高教育质量，创建有中国特色的学习型社会，提升人力资源开发整体水平，把沉重的人口负担转变为人力资源优势和经济财富，实现从教育大国到教育强国、从人口大国到人力资源强国的根本转变。

二、人力资源强国建设的步骤安排

以全球视角来看，目前我国人力资源发展水平仍处于世界第三层次。我国要基本实现现代化的战略目标，人力资源是第一资源，具有不可替代的重要作用。未来伴随着我国实施人力资源强国建设战略，加快人力资源开发，实现我国人力资源发展整体水平的追赶与跨越，是实现我国国家发展战略目标的必然选择。

未来30年，我国产业结构调整与升级的进程将继续加快，三次产业的结构性变动与产业结构的升级同步推进，进而对人力资源开发和教育改革发展提出一系列要求。为此，亟须优先发展教育，构建完善的人力资源教育培养体系。理论上，我国人力资源开发应采取“分两步逐级跨越”的战略，实现人力资源整体发展水平的“两次跨越”。据此，预计到21世纪中叶，我国将发展成为世界人力资源强国。

第一次跨越：从现在到2030年，我国25~64岁劳动力人口人均受教育年限将超过11年，人文发展指数在0.80以上，综合生产率达到2.5万美元（按购买力平价计算），每百万人口中研究人员数在1500人以上，实现从人力资源发展中等水平国家向人力资源发展较高水平国家的迈进。在这一阶段，既要充分发挥我国人力资源丰富、劳动力成本相对低廉的优势，优先投资教育和人力资本，加大对低端劳动力群体的职业技能培训和职业安全保护力度，顺利实现人力资源相对优势的动态转换；又要适应经济增长方式转换、产业结构升级和知识创新体系建设的要求，着力加强人力资源能力建设，提升我国人力资源质量，使中国人力资源发展初步达到世界中等发达国家水平。

第二次跨越：从2031年到2050年，我国25~64岁劳动力人口人均受教育年限超过13年，人文发展指数在0.90以上，综合生产率（按购买力平价计算）在4万美元以上，每百万人口中研究人员数在3500人以上，新增劳动力平均受教育年限将接近14年。到21世纪中叶，初步进入人力资源发展高水平国家行列。在这一阶段，通过在教育和人力资源开发方面的制度创新与变革，以良好的制度环境全面激发人的创造力，提升自主创新能力，大幅提高劳动生产率，将中国建设成为名副其实的人力资源强国，达成“基本实现国家现代化”的战略目标。

第三节　人力资源强国建设的战略实施路径

围绕人力资源强国建设的战略目标，要根据我国国情，选择合适的人力资源开发战略与实施路径，加快人力资源开发制度创新，努力造就数以亿计的高素质劳动者、专门人才和一大批拔尖创新人才，培养和造就规模宏大、结构优化、布局合理、素质优良的人才队伍，开创人才辈出、人尽其才的新局面，为实现国家现代化提供强有力的人力资源保障，确立国家人力资源竞争比较优势，进入世界人力资源强国行列。人力资源强国建设战略实施的关键在于以制度创新，在未来相当长时间内有七大战略实施路径。

战略实施路径之一：人力资本优先投入战略

人力资源是可持续发展资源，人力资源优势是最需培育、最有潜力、最可依靠的优势。要做到人力资源开发投资优先保证，人才资本优先积累，确立人力资源开发相对物质资源、环境资源、资金资源以及其他方面资源开发的优先地位，树立人才投入效益最大的理念，把人力资源开发投入作为战略性投资。坚决克服见物不见人的倾向，实现资源开发重心由物向人的根本转变。要鼓励支持各地区各级政府逐年加大对人才培养、吸引等工作的投入力度，做到用于人才培养、引进方面的投入增长幅度要高于GDP增长幅度。

战略实施路径之二：人力资源开发制度创新战略

以制度建设为抓手，构建更加开放、更加灵活、更加高效的人力资源开发体制机制，激发人的激情与动力，着力营造有利于人才平等竞争的制度环境，是人力资源强国建设的制度保障。要按照建设社会主义和谐社会的要求，坚持以人为本，实现协调发展，创造人人平等发展、充分发挥聪明才智、积极参与经济社会发展的制度环境，整体谋划设计人力资源开发管理的体制机制改革的思路、方法和路径，要勇于破除一切不利于人才成长和发挥作用的体制机制障碍，加快推进人力资源开发管理的政策创新，以制度建设引领人才队伍建设，加快创新人才培养、评价、使用、流动、激励、保障等各项人才开发政策制度，完善人力资源开发管理的有关政策法规，建立健全具有中国特色、与国际接轨的人力资源开发制度体系，创造有制度保障的人才公平竞争环境，以具有竞争力的制度塑造有竞争力的人才，提高人力资源开发管理的科学化、民主化、法治化水平。要从实施优惠的激励性政策转向实施基于规则的规范性政策，逐步从实施基于优惠的政策倾斜向营造基于规则的制度环境转变，从对不同区域、不同所有制企业、不同身份人才实行区别政策向实行统一的、稳定的、透明的政策转变，从不公平的竞争环境转向公平的竞争环境，营造一个促使人人得以全面发展的制度环境，在竞争中发现人才、使用人才、造就人才，不拘一格选人才。推进科技、人才、资本和其他要素的有机结合，着力营造良好的人才发展的制度综合环境，使各类人才能够充分施展才华。

战略实施路径之三：人力资源结构优化战略

根据国家经济结构调整和产业升级的要求，把加快推进人力资源结构战略性调整作为人力资源发展服务于经济社会发展的战略重点，以人力资源战略性调整促进经济社会结构调整，实现人力资源结构调整以适应性为主到以战略性为主的转变。超前谋划人力资源专业素质结构、层级结构、分布结构的战略性调整，充分发挥市场配置人力资源的基础性作用，加强对人力资源配置的宏观调控，不断调整与优化人力资源的城乡分布、产业分布、专业分布、所有制分布，促进人力资源在城乡、产业和不同所有制之间的合理分布和有序循环，在经济发展方式转变与产业、人口、教育、就业和迁徙间建立良性互动，促进人力资源开发与经济社会发展相融合，实现人力资源结构与社会经济的协调发展，以人力资源结构优化升级引领和促进产业结构优化升级，强有力地推动中国经济发展模式由“外延式”增长走向“内涵式”发展。围绕建设创新型国家，把培养造就创新型科技人才尤其是世界一流的科学家和科技领军人才摆在更加突出的位置，在各行业各领域重点集聚一批高水平、具有创造力、领军型的“统领”人物和技术“帅才”，发挥其带动产业、拓展市场、集聚项目和集聚人才的作用。对于引进人才的类型、数量和时机则交由市场决定，政府围绕监管、服务发挥作用，着力营造有利于人才发展的环境。此外，依靠部门规章吸引人才的传统做法已不能适应全球化竞争的需要，应该积极探索中国特色的技术移民制度。今后，要适应经济社会发展重点领域对人才的迫切需求，大力开发先进制造业、现代服务业和战略新兴产业发展急需的各类创新型人才、应用型人才和技能型人才，实施人才产业集聚政策，运用政策杠杆重点引导各类优秀人才向优势产业、重大建设项目、重要攻关课题的集聚，以人才集聚推动支持产业能级提升。

战略实施路径之四：人力资源能力建设战略

构建多渠道、开放性的人力资源教育培养体系，突破学校与社会资源的隔绝状态，全面整合各类教育培训资源，促进全社会构建多层次、广覆盖的教育培训网络，形成各级各类学校、社会培训机构、企业和社区等联手培养经济社会发展需求的各方面人才的格局，形成人才培养的整体合力。坚持以人为本，以促使人的全面发展为主线，加强人才培养工作基础研究，深刻把握人力资源开发规律与各类人才成长规律，建立以人力资源能力建设为核心的科学人才培养机制，注重思想道德教育，在提高全体人民的思想道德素质、科学文化素质和健康素质的基础上，重点培养人的学习能力、实践能力和创新能力，突出创新精神和创新能力培养，大幅度提升各类人才的整体素质和能力。要树立大教育、大培训的观念，构建现代国民教育体系和终身教育体系，深化教育改革，创新人才培养模式、提高人才培养质量。继续深化基础教育改革，不断扩大优质教育资源供给，夯实人才素质基础；大力发展职业技术教育，培养大批高素质技能型实用人才；提升高等教育内涵质量，建设高层次人才培养基地，加快培养现代化建设急需的创新型人才和应用型专门人才；完善继续教育，构建更加完善的终身教育体系，大力发展网络教育，推进学习型社会建设，建立多层次、多渠道的产业从业人员培训体系，推进各类人才的培训和继续教育工程，形成人人可以成才、行行可以成才、人生的不同阶段都可以成才的社会氛围。

战略实施路径之五：人才发展环境建设战略

人才发展环境建设涉及对人才活动的自然地理环境的改造、对社会经济环境的改善和提高、对人文环境的改进与发展，是一项庞大的系统工程，必须从战略的高度加以重视。要牢固确立以人为本的工作理念，以“人才存于人民群众之中”和“人人都可成才”的人才理念，树立科学的发展观和人才观，突破传统的以“职称+学历”标准判别人才的误区，坚持以品德、知识、能力和业绩为衡量人才的主要标准，确立“一切为国家发展做贡献都是人才”的理念，确立人力资源全员开发的工作思路，倡导人人皆可成才的氛围。建设公正公平的法治环境，坚持用法治规范、促进和保障人才发展，创造有制度保障的人才公平竞争环境，营造有利于人才创新创业的政策环境，以统一的、稳定的、透明的政策法规为各类人才提供公平的工作环境与规范约束。强化执法监督，推进各项人才政策法规的贯彻落实。进一步加强劳动人事争议处理工作，加大知识产权保障力度，切实保障用人单位和人才双方的合法权益。通过实施大刀阔斧的实质性改革，特别是针对城乡分割、身份歧视和配置低效的户籍管理制度出台改革举措，着力淡化正规学历文凭在人力资源配置中的“单向科举应试性”拉动功能，大力开辟人力资源流动的通道、人生道路选择的机会和职业生涯发展的空间。要不拘一格选才、育才、用才，让每个人都有出彩的机会，让每个为国家和人民做出贡献的人都受到社会尊重。此外，还应着力改善人才发展的环境，让人才留得住、用得好。比如加大科研投入，完善科研管理体制；遏制学术腐败、营造自由的学术氛围；解决“海归”人才回国参加社保等实际问题。中国人才战略的制定起步早，总体定位高端，但也需要各项配套人才政策才能真正加以落实。这个过程中要坚持引进人才的类型、数量、时点交由市场决定，政府注重发挥监管、服务等作用，营造吸引人才的优势。

战略实施路径之六：海外人才引进战略

大力吸引海外高层次人才包括海外留学人才和外国人来华创新创业，贯彻支持“来去自由”的方针，鼓励海外留学人员回国工作、创业或以多种方式为国服务。完善外国人永久居留权制度，加大引进国外智力工作力度，吸引外籍高层次人才来中国工作。要以需求为导向，以企业为引才的主要载体，形成以用人单位为主体、市场化运作为主要方式的长效引进机制。不断开拓吸引海外人才的渠道。既利用政府间、国际组织间的交流合作渠道，更要广泛地利用民间交往渠道，充分发挥各类社会组织和群众团体的作用，广泛开展与海外各类人才中介组织与机构的交流与合作。积极吸引跨国公司总部和地区总部、跨国采购中心、研发中心和培训机构等入驻中国，以机构的进驻带动海外人才的集聚。加大“智力引进”力度，在国家战略层面上汇集各个领域的重点科技攻关项目、重大工程设计项目，面向世界招标，吸引外国专家进行合作攻关。继续加强留学人才创业园区和孵化基地的建设，构建多元化的海外留学人才创业资助和融资平台，不断健全留学人才回国服务的政策措施，吸引高层次留学人员回国创业。

战略实施路径之七：人力资源信息化建设战略

加强人力资源开发、配置和管理的信息化建设，构建国家人力资源能力水平信息监测预报系统，收集各类人才的市场供求信息，加快建设国家专家信息库和人才分类信息库，健全人力资源年度统计调查和定期发布制度，健全按季度发布高层次人才需求、人才市场供求、高校毕业生需求、人才市场网上供求等信息统计制度，定期向全社会发布各行业、各领域和各层级的人力资源建设进展信息报告。建议构建一套具有国家权威和国际影响力的“中国人力资源能力信息监测预报系统”，整合信息，满足中央决策层、政府公务员、企业界、学术研究者和普通民众各方面多样化的信息需求，提供全面系统的人力资源信息。信息系统要建立数字化网络平台，借助网络媒体定期、分层次向社会公开发布信息。整合各类人才信息资源，加快企业人才信息化改造步伐，加快完善卫生、教育等社会事业重点领域的信息综合服务功能。完善人才基础信息数据，健全就业、社会保障等基本数据库，实现科学化、集约化、便捷化管理和服务，扩大人才信息网络规模，重点保障信息安全。建立社会化、公益性、开放式、全覆盖、安全可靠的人力资源信息共享机制，提高信息使用效率，推动经济社会发展。更为重要的是，在当下的环境中，人力资源信息化建设离不开大数据的运用，知识就是力量、信息就是能量、数据就是变量。大数据不仅是人们获得新的认知、创造新的价值的源泉，还是改变市场、组织机制，以及政府与公民关系的方法，它已经成为当今时代一个国家最重要的战略资源之一。因此，把大数据技术作为引领人力资源信息化建设的核心驱动力，必将开启重大的时代转型，大数据已经成为解决重大紧迫问题，如抑制全球变暖、消除疾病、提高执政能力和发展经济的一个有力武器，但是大数据时代也向我们提出了挑战，需要做好充足的准备迎接大数据技术给机构和自身带来的改变，人力资源信息化建设也概莫能外。

第四章　统计管理体制

第一节　统计管理体制概述

政府统计管理体制是政府有效地进行统计工作行政管理和协调的组织保证，也是统计数据能全面、及时、准确地为社会服务的制度保证[①]。因此，首先，它必须服从统计工作职能的要求，这决定了政府统计管理体制在世界各国有其共同的特点，即通过设置一系列组织机构和制定统计法律法规，管理和协调全国统计工作。其次，它又受制于各国社会、政治、经济管理体制。由于各国的国情、国体和政体各不相同，其政府统计管理体制也千差万别。并且，政府统计管理体制不是一成不变的。随着国家管理决策对统计的要求越来越高，以及社会、经济和技术条件的发展，特别是计算机自动化和网络化的发展，各国政府统计管理体制发生了较大的变化。

当前，我国政府统计管理体制正处于从以计划经济向社会主义市场经济为基础的转变过渡中，出现了许多因体制本身造成的问题，如政府统计与部门统计、中央统计与地方统计之间关系不顺而影响统计数据质量等。

一、政府统计管理体制的分类

政府统计管理体制是政府有效地进行统计工作行政管理和协调的组织保证，也是统计数据能全面、及时、准确地为社会服务的制度保证。联合国统计司1980年出版的《统计组织手册》对各国政府统计管理体制的类型进行了系统分析和分类。该手册根据政府统计工作在中央统计局和政府有关部门之间的分工情

① 范荣玉.我国统计管理体制改革研究[J].现代经济信息，2019，02：108.

况，将各国政府统计管理体制划分为三类，即集中型、分散型、集中与分散相结合的混合型。集中型是指政府统计工作（或称官方统计工作，下同）主要由国家统计机构（National Statistical Office，NSO）承担；分散型是指政府统计工作基本分散在政府有关部委和地方政府之中；混合型是指政府统计工作由国家统计机构、政府有关部委、地方政府统计机构共同承担。此后，许多国家在研究政府统计管理体制类型时，基本上都沿袭了这种划分标准。

正确划分各国政府统计管理体制的类型，对于分析政府统计管理体制的特点，总结经验具有十分重要的意义。我们认为，上述划分标准不够明确、全面和具体，在实践中容易引起对政府统计管理体制类型判断的混乱。比如，有人认为法国和德国的政府统计管理体制是分散型的，有人认为是集中型的，还有人认为是混合型的。实际上，两国政府统计管理体制有着明显的差异。按上述划分标准，我们既不能明确判断各国政府统计管理体制的类型，也容易模糊它们之间的界限和特征。

因此，我们认为，有必要重新研究和确定政府统计管理体制类型的划分标准。通观世界各国统计管理体制的现状，政府统计工作的组织管理主要体现在两个方面：一是国家统计机构对各专业统计的管理，即中央（综合）统计与部门统计的关系，也称横向关系；二是国家统计机构对地方政府统计工作的管理，即中央（综合）统计与地方（综合）统计的关系，也称纵向关系。根据这两个关系，以国家统计机构在官方统计体制中横向和纵向两个方面中的作用和权限的大小作为划分各国政府统计管理体制类型的标准，可以将各国政府统计管理体制划分为如下四种类型。

（一）“集中型”政府统计管理体制

指国家统计机构对横向（对专业统计）和纵向（对地方统计）的官方统计工作实行高度集中的统一管理，也称为专业统计集中、地区统计集中型政府统计管理体制。

（二）“专业统计集中、地方统计分散”型政府统计管理体制

指专业统计集中于中央统计局，但是统计数据的收集和整理由各地方统计局承担，中央统计局对地方统计局的管理相对松散。

（三）“专业统计分散、地方统计集中”型政府统计管理体制

指专业统计分散于政府各有关部门，但统计数据的收集和整理相对集中，实行集中垂直管理的地方统计调查系统。

（四）“分散型”政府统计管理体制，也称“专业统计分散、地区统计分散”型政府统计管理体制

国家统计机构对专业统计和地方统计的管理十分松散，专业统计工作基本上由政府各部门来管理，地方政府统计工作由地方政府负责，国家统计机构在官方统计管理体制中主要起协调作用。

国家行政管理体制（包括统计管理体制）是一个复杂的系统，任何一种划分标准都只能是相对的，现实中的政府统计管理体制有时很难与上述分类完全对应。

二、各类统计管理体制的特点

不同类型的政府统计管理体制在组织、管理和协调方式上呈现出不同的特点[①]。

（一）“集中型”政府统计管理体制的特点

实行“集中型”政府统计管理体制的国家有加拿大、澳大利亚、丹麦、荷兰、挪威、比利时、奥地利、印度尼西亚和东欧诸国等。其特点是：

第一，中央统计局是全国唯一行使官方统计工作职能的机构，统一进行全国统计数据的收集、加工、整理，并且拥有完整的国家统计数据系统，统一向社会各界发布和出版统计数据。

第二，中央统计局机构设置门类齐全，既包括各专业统计，又包括统计的基本职能，如统计方法制度、统计标准、信息技术处理、咨询服务等各个方面，机构规模十分庞大。

第三，中央统计局集中管理专业统计工作，各政府部门基本不设统计机构。

① 李国荣.中国统计管理体制变迁问题研究[J].经济视角（中旬），2012，01：15-16+18.

第四，中央统计局对地方统计局实行垂直领导。

（二）“专业统计集中、地方统计分散”型政府统计管理体制特点

实行这一统计管理体制的国家有德国。专业集中、地方分权是德国联邦统计管理体系的重要组织原则。其主要特点是：

第一，与“集中型”政府统计管理体制一样，在这类统计体制中，中央统计局是中央一级唯一行使统计职能的机关，所有全国性社会经济统计信息的收集、处理和发布工作均集中于中央统计局。因此，中央统计局机构设置门类齐全，组织机构庞大。

第二，“专业统计集中、地方统计分散”型政府统计管理体制的另一个重要特征是，官方统计管理体系由中央统计和地方统计两部分组成。与“集中型”体制的区别在于，官方统计工作不是由中央统计局一级完成，而是由中央统计和地方统计两级共同承担，中央统计主要负责全国性统计数据的收集、整理和发布，地方统计数据的收集、整理和发布工作则基本上分散在各个地方统计局。

第三，中央统计局和地方统计局之间的关系有两种协调方式：一是依照统计法的规定，地方统计局有义务执行中央统计局的统一调查方法和技术标准，确保全国统计资料的一致性；二是通过由中央统计局、各地方统计局局长以及有关单位代表组成的统计顾问委员会，解决官方统计工作中技术、方法和原则等问题。

（三）“专业统计分散、地方统计集中”型政府统计管理体制特点

实行这类政府统计管理体制的国家有：瑞典、芬兰、新西兰、新加坡、韩国、泰国、菲律宾等。其主要特点是横向组织管理比较分散，实行纵向集中垂直领导。

官方统计系统由两部分组成，即中央统计局和政府各部门统计机构。中央统计局只负责涉及国情、国力的宏观社会经济统计工作，拥有全国综合性统计资料，专业统计资料分散于政府各行政部门。政府各部门均设有较完整的统计组织机构，负责本部门专业范围内统计资料的收集、整理和发布工作。

中央统计局有两大职责：宏观综合性社会经济统计工作和官方统计体系的管理、协调工作。中央统计局具体负责的统计工作范围的大小，各国有较大差别。

中央统计局作为官方统计体系的管理、协调者，通过各种综合协调手段，管

理全国官方统计工作，建立完整的、统一的官方统计体系。

中央统计局在各地方设置下属机构，实行垂直领导。地方统计局的主要工作是完成中央统计局分配的各项统计调查任务，此外也承担一小部分地方性统计工作。

（四）“分散型”政府统计管理体制的特点

实行这一统计管理体制的国家有美国、英国、日本、意大利、印度等。其特点是“专业统计分散、地方统计分散”。

官方统计管理体系一般由3个部分组成：中央统计局、政府各部门统计机构和地方统计机构。

中央统计局的职能、机构设置，具有与“专业统计分散、地方统计集中”型政府统计管理体制相同的特点。其职能包括宏观社会经济统计工作和官方统计的管理协调两部分。

中央统计局作为官方统计体系的管理者和协调者，拥有一套完善的协调机制，管理和协调全国统计工作，避免相互之间统计调查的重复和遗漏。

中央统计与地方统计的关系，与“专业统计集中、地方统计分散”型管理体制一样，各地方统计基本是独立的，两者之间的关系是一种协作、合作的关系。中央统计机构将对地方统计部门提供统计技术方法的指导，并且根据委托的调查任务支付相应的调查经费，但对地方统计部门的人员、组织不进行直接管理和领导。

三、政府统计管理体制的发展趋势

通过对各国政府统计管理体制特点的研究和分析表明，它们有着共同的发展趋势。

（一）统计工作的独立性

大多数国家法律规定，国家统计机构在行政上是独立的，对于重要统计数据有一套严格的发布政策，不受政府干预，排除各方面对统计数据的干扰。

（二）统计工作的合法化

各国均颁布《统计法》，作为官方统计工作的法律基础。统计机构必须在法律规定的范围内收集统计资料，依法开展统计调查。当建立新的统计调查项目时，需要经过严格的法律审批程序。

（三）中央统计局或政府统计综合协调功能强化

无论哪种类型的政府统计管理体制，综合协调功能是中央统计局一个十分重要的职能，特别是在统计方法、技术标准方面要求在全国实行严格的统一，在统计信息的供需关系方面要保持密切的联系和沟通。从各国的经验来看，如果中央统计局综合协调能力强，可以有效地发挥各类政府统计管理体制的优点而弥补其不足。

（四）官方统计工作一体化加强

一方面，随着政府各部门管理决策科学化和现代化水平的提高，对统计信息需求越来越多，客观上要求密切统计供需之间的关系；另一方面，现代计算机技术和网络的发展，使各种统计数据在部门之间、地方之间的快速传输和共享成为可能，统计数据可以及时地满足不同方面的需要，推动了官方统计工作的一体化。计算机现代技术和网络技术在统计工作中的广泛应用，在很大程度上减弱了各种政府统计管理体制类型内在的矛盾，它既加强了统计资料供需之间的联系，同时也为官方统计资料的完整性提供了技术保障，从而有效地弥补了各种类型政府统计管理体制的不足。此外，为了推进官方统计管理体系一体化进程，各国普遍十分重视推行在政府各部门之间通用的工商行政登记名录，开发名录库。随着官方统计工作一体化的发展和计算机网络技术的广泛应用，近年来一些国家中央统计局的人员和经费也相应呈减少趋势。

第二节　国外主要国家的统计管理体制介绍

一、澳大利亚的统计管理体制

澳大利亚统计局隶属于财政部，实行集中统一管理体制①。负责制定全国统计标准和进行国民经济核算，进行农业、制造业、建筑业、商业、服务业、劳动力、物价、住户等调查，协调管理部门统计。澳大利亚统计局在6个州和2个大区设有自己的派出机构——州统计局，其人员编制、业务和经费实行垂直领导和管理，它的主要职能是承担国家统计局在本州的调查任务。地方政府不设统计机构，它所需要的统计信息主要从州统计局获取，有时也委托州统计局进行调查。随着计算机及网络技术的发展，一些全国性的统计调查分别由州统计局组织实施，如全国制造业调查是由维多利亚州统计局负责，全国采矿业调查是由南澳大利亚州统计局负责。

二、德国的统计管理体制

德国是联邦政体，与此相适应，统计管理体制也是采取联邦形式。联邦政府与各州政府均设有统计机构。联邦统计局与各州统计局分别隶属于本级政府的内政部门，彼此之间没有领导与被领导的关系。德国全国的对外贸易和国际金融方面的数据，由联邦统计局直接调查公布，其他统计资料来自各州统计局。各州统计局负责本州统计资料的调查和公布，并按联邦统计法和联邦与各州间达成的协议，负责提供联邦统计局和欧盟统计局所需的本州的有关统计资料。

联邦统计法是全德统计工作的基本准则。按照该法律，在全德范围内实施的统计报表制度一般须经下列程序产生：第一步，由各州统计局分工草拟某一方面的全国性统计报表制度，如勃兰登堡州统计局负责全国交通统计报表制度的研制；第二步，将各州草拟的统计报表制度提交由联邦和各州统计局参加的圆桌会

① 李清华.中外统计管理体制比较[J].内蒙古统计，2017，06：38-41.

议进行协商；第三步，将达成一致协议的方案提交联邦议会批准，形成单项统计条例。经过圆桌会议达成共识并由议会立法的统计报表制度，各州必须执行。由此可见，德国的统计管理体制虽然是松散型的，但全国的统计制度方法是集中统一的，既有充分协商和达成共识的基础，又上升到法律，因此，各州在执行联邦统计制度上的步调是协调一致的。各州统计局根据本州的需要，自主确定本州的统计调查项目，但必须提交本州议会批准后方可实施。这种统计体制及调查体系的优点是能最大限度地考虑到各州的实际情况和统计信息需求；缺点是程序复杂，协商的时间长，效率较低。

三、韩国的统计管理体制

韩国的统计基本属于分散型的管理体制。每一个部委或非政府机构都有责任收集各自领域的统计信息和资料，如农林部、沿海事务渔业部、劳动部等。每个单位为了各自政策的需要，都进行统计资料的收集和统计信息的加工，如韩国银行统计部就属于此类部门。韩国统计体制组织、机构框架如下：

1.统计厅

政府统计厅是韩国国家统计机构（NSO），在国家统计体系中起着主要作用，它对全国的统计工作进行综合协调，对基本的统计数据进行收集加工，发布综合统计信息。

2.统计厅与部门统计工作的关系

目前，符合韩国《统计法》规定从事经常性统计工作的机构共有102个。其中，政府统计机构41个（中央25个，市、道、地方政府统计机构16个），其他机构61个（包括各类联合机构、银行等公共及民间统计机构）。共有388种统计调查，由中央各部门进行调查的就有289种，占74.5%。主要有农林水产部、社会保障部、劳动部、商业资源部、教育部、建设部等部门。

3.统计厅与地方政府统计工作的关系

在388种统计调查中，由地方政府统计机构进行调查的只有63种，占1.62%，主要承担统计厅主管的各种普查和大规模抽样调查的现场调查工作。此外，每月还要向统计厅上报人口动态资料。在市、道中至少有三个相互独立的统计机构：一是统计厅直属的统计事务所；二是农林水产部直属的统计事务所；三是市、道地方政府统计机构。市、道地方政府统计机构与统计厅、农林水产部直属的统计事务所之间有一些协作关系，但都相互独立，各自完成统计工作任务。

4.统计厅与公共民间统计机构的关系

在韩国，公共民间统计机构包括韩国银行、韩国产业银行、中小企业银行、大韩工商会议所的统计机构及其他30多个指定的统计机构。在388种统计调查中，由公共民间统计机构进行调查的有99种，占25.5%。

5.地方统计厅

韩国的12个地方分支机构，分别设在各省的省会。35个地方统计派出所分布在各市、镇中。从机构角度来说，地方的分支机构可以分成两组：一组是司局级分支机构（分支机构领导的职务相当于总部的司局级），另一组是副司局级分支机构。地方统计厅的调查处及统计派出所负责14种月度统计调查、8种年度统计调查。事后检查、数据录入都是通过网络，数据编辑处理和发布都是由中央统计厅来负责。

6.统计委员会

统计委员会是统计事务方面的咨询机构。从1962年开始设立，直到现在。它在协助中央统计厅完成对全国统计活动的协调方面起着重要的作用。统计委员会由主要统计机关的11名常务委员（包括统计厅厅长）和由统计厅厅长委任的18名统计专家作为一般委员所组成。统计委员会的职责是：

（1）批准、暂停或终止、改变统计调查；

（2）批准出版统计刊物；

（3）对统计数据方面的事宜进行审核；

（4）对统计事业的发展和改进提出建议；

（5）制定和修改统计标准分类等。

其中特别重要的职责是向中央统计厅厅长呈报统计报告，并就统计发展和促进统计工作方面提出建议。

四、美国的统计管理体制

美国是一个联邦制国家，实行分散型统计管理体制。联邦政府中未设综合统计机构，由白宫管理与预算办公室制定统计政策，审批部门统计调查计划，检查统计数据质量；国会联合经济委员会，负责发布月度经济报告，监督政府统计数据，批准政府统计预算。统计调查职能分散在70多个政府部门，其中，重要的统计机构有商务部普查局，负责人口普查、工商企业普查、经常性工商统计、国际贸易统计、住户调查等；经济分析局负责国民经济核算；劳工部负责就业失业、劳动力、工资价格、劳资关系、劳动安全等统计；农业部负责农业统计；能源、卫生、教育、交通运输、税务、财政金融统计，分别由政府有关部门负责。美国劳工统计在其统计体系中占有十分重要的地位，在其人员规模和统计调查经费安排上仅次于普查局，在部门统计中居第二位。从纵向的统计职能配置看，中央与地方统计实行分级负责制，全国性统计调查主要由联邦政府各部门及设在各地的派出机构独立调查，一些调查项目也委托地方政府协助调查，但经费由联邦政府承担；地方所需要的统计数据，除从联邦政府各部门统计机构获得外，由地方政府进行一些补充性调查。

美国在长期的统计发展过程中逐渐形成了以普查为基础，抽样调查为主体，其他手段为补充的统计数据收集模式。

第三节　我国政府统计管理体制及改革发展

一、统计的法律体系

中国统计的法律体系是1978年实行改革开放政策以来逐步建立起来的。1983年12月8日第六届全国人民代表大会常务委员会第三次会议审议通过，在1996年5月15日由第八届全国人民代表大会常务委员会第19次会议修订后重新发布实施的中华人民共和国第一部统计法典——《统计法》，为中国统计工作依法进行奠定了基础。2009年6月27日，新《统计法》由第十一届全国人民代表大会常务委员会第9次会议修订通过，自2010年1月1日起施行。新《统计法》进一步确立了统计工作的基本原则，完善了基本统计工作制度，全面规定了政府统计活动各类参与主体的权利和义务，尤其是加大了对统计调查对象合法权益的保护，强化了统计机构和统计人员依法行政的职责①。它的颁布施行，将为做好统计工作提供更

① 马克.深化统计管理体制改革的几点建议[J].中国统计，2020，01：59-60.

加有力的法治保障。

近40年来，中国政府和国家统计局在《统计法》的指导下陆续颁布实施了一批重要的统计行政法规和规范性文件。各省、市、自治区的人民代表大会和政府依法颁布了地方统计法规或规章，国务院的相关部委也制定了部门统计规章。中国的统计工作正在进入法治轨道。

（一）中国现行的统计法律体系

中国现行的统计法律体系包括以下四个层次：

第一，统计法律，由全国人民代表大会常务委员会制定，如《统计法》。

第二，统计行政法规，由国务院制定，如《统计法实施细则》、国务院批转的《国家统计局关于统计报表管理的暂行规定》、国务院批准的《国家统计局职能配置、内设机构和人员编制方案》。

第三，地方统计法规，由具有立法权的地方人民代表大会或者其常务委员会制定，如各省、市、自治区人民代表大会和政府依法颁布的地方统计法规。

统计行政规章由国务院各部委和地方人民政府制定或审定，如国家统计局制定的《统计违法案件查处工作暂行规定》、公安部制定的《公安统计工作规则》等。

（二）中国现行统计法律法规的主要内容

1.关于统计工作的一些基本问题的规定

对统计工作的基本问题的规定包括统计的基本职能和基本任务、统计的管理体制等。关于统计的基本职能和任务，《统计法》第2条第2款规定："统计的基本任务是对经济社会发展情况进行统计调查、统计分析，提供统计资料和统计咨询意见，实行统计监督。"它以法律的形式将我国统计所具有的信息、咨询、监督三大职能确定下来。关于统计的管理体制，《统计法》第3条规定："国家建立集中统一的统计系统，实行统一领导、分级负责的统计管理体制。"

2.关于统计调查对象的申报义务

《统计法》第7条规定："国家机关、企业事业单位和其他组织以及个体工商户和个人等统计调查对象，必须依照本法和国家有关规定，真实、准确、完整、及时地提供统计调查所需的资料，不得提供不真实或者不完整的统计资料，不得迟报、拒报统计资料。”基层群众性自治组织和公民有义务如实提供国家统计调查所需要的情况。

3.关于统计调查的审批和管理

《统计法》《统计法实施细则》以及《部门统计调查项目管理暂行办法》对统计调查的审批和管理做出了规定。统计调查项目实行分类管理。

4.关于统计资料的管理和公布

与整个统计工作的管理体制相适应，对统计资料的管理实行统一领导、分级负责的管理体制。国家统计局和省、自治区、直辖市政府统计机构依照国家规定，定期公布统计资料。同时，为维护国家统计数据的权威性，防止政出多门，对国家统计数据进行集中统一的管理，《统计法》规定，国家统计数据以国家统计局公布的数据为准。

5.关于法律责任

为防止个别领导者和统计人员利用职务或工作之便，干扰统计资料的报送，影响统计数据的准确性，《统计法》规定了相应的法律责任；为保证统计调查对象履行申报义务，《统计法》及其他统计法规对于不履行申报义务的行为规定了相应的责任；对于违反有关统计资料保密规定的，根据《统计法》的规定，应当承担相应责任；对于违反有关统计调查的审批和管理规定，未报经审批或者备案，擅自制发统计调查表的，根据《统计法》的规定，由县级以上人民政府统计机构责令改正，予以通报批评，统计调查对象有权拒绝填报。

新《统计法》是国家最高权力机关为保障统计数据真实可信提供的更加坚实的法律基础。与旧《统计法》比较，新《统计法》在十个方面做了重大修订，或者说有十大亮点。

（1）将真实性作为《统计法》的核心价值。

（2）完善了统计调查项目审批制度。

（3）建立了统计调查过程管理制度。

（4）建立了统计经费保障制度。

（5）严格了单个统计调查对象资料保护制度。

（6）完善了部门间资料提供制度。

（7）强化了统计信息公开制度。

（8）明确了国家统计局调查队的法律地位。

（9）赋予了政府统计机构更大的监督检查权和处分建议权。

（10）完善了统计法律责任制度。

新《统计法》具有四个明显的特点：一是更加注重统计活动各参与方权利与责任、权利与义务的平衡；二是更加注重统计工作过程的管理；三是更加注重可操作性；四是更加注重符合国际通行统计规则。新《统计法》的公布施行，不仅对于我国统计法制建设具有里程碑意义，也是我国统计改革发展的又一个重要里程碑，标志着我国统计工作进入一个新的发展阶段。我们有理由相信，随着新《统计法》的施行，我国的政府统计能力、统计数据质量和统计公信力一定能够得到进一步提高。

二、统计组织机构及职能

《统计法》规定，国家建立集中统一的统计系统，实行统一领导、分级负责的统计管理体制。政府统计系统主要由政府综合统计系统和部门统计系统两个部分组成。

（一）政府综合统计系统

中国政府自上而下设置统计机构或者配备统计人员，构成政府综合统计系统。目前，中国国务院设立国家统计局，县以上地方各级人民政府设立独立的统计机构（统计局），在乡镇的一级人民政府则主要由专职或兼职的统计员来负责统计工作的具体协调管理[①]。此外，国家统计局还直接管理着各省、自治区、直辖市调查总队和新疆生产建设兵团调查总队。政府综合统计系统的统计人员编制数是由国务院直接决定的，由国家统计局具体管理。

政府综合统计系统的主要职责：

第一，依照《统计法》负责组织领导和协调全国统计工作。

第二，组织并实施国家级和地方级的统计调查。

第三，负责制订统计调查计划。

第四，对经济和社会发展情况进行统计分析，实行统计监督。

第五，管理和协调各政府部门制定的统计调查表。

① 吕成刚.我国统计管理体制改革研究[J].现代营销（经营版），2020，04：44-45.

（二）政府部门统计系统

作为官方统计系统的一个重要组成部分，政府部门统计系统由国务院各政府部门和地方各级人民政府的各政府部门根据统计任务的需要设立的统计机构或在有关机构中设置的统计人员构成。比如，中国人民银行设立了调查统计司，地区分行设立了调查统计处；人力资源和社会保障系统，从中央到地方也建立了专门的统计机构和统计队伍。政府部门统计系统的主要职责是：

第一，组织、协调本部门的统计工作，完成国家统计调查和地方统计调查任务，制订和实施本部门的统计调查计划和统计规划，并收集、整理、提供相关部门的统计资料信息。

第二，对本部门、本行业的发展情况进行统计分析，实行统计监督。

第三，组织、协调本部门管辖系统内企业事业组织的统计工作，管理本部门的统计调查表。

（三）两大系统统计工作的管理与协调

1.业务管理和协调

国家统计局负责组织和领导协调全国统计和国民经济核算工作。国家统计局直属的各省、自治区、直辖市调查总队和新疆生产建设兵团调查总队统计业务由国家统计局垂直领导。县级以上地方各级人民政府统计机构、乡镇人民政府专职或兼职统计人员，负责组织领导和协调本行政区域内的统计和国民经济核算工作，他们受同级人民政府和上级政府统计机构的双重领导，在统计业务上以上级政府统计机构的领导为主。国务院各部门和地方各级人民政府各部门的统计机构或统计负责人，统计业务上受国家统计局或者同级地方人民政府统计机构的指导。

2.人事管理

县以上各级地方政府统计机构的国家事业编制由国务院统一审核批准，国家统计局统一管理，其行政编制和地方事业编制由地方政府审核批准。县以上地方各级政府统计局正副局长，由同级地方党委和政府管理，上级政府统计局协助管理。

各省、自治区、直辖市调查总队和新疆生产建设兵团调查总队的编制和干部由国家统计局统一管理，分级负责。

政府部门统计系统的编制和干部由各政府部门自行管理。

三、统计管理体制的改革发展

（一）现阶段我国政府统计管理体制的主要问题

我国实行的是“统一领导，分级负责”的统计体制，它是在计划经济时期形成并延续至今，是与我国传统的政治体制和经济管理体制相适应的[①]。这种传统的统计体制与现实的社会主义市场经济体制之间的矛盾日益突出，越来越不适应中央宏观调控的信息需要，主要表现在：

一是抵御来自地方政府对统计调查和统计数据的干扰能力差，中央宏观调控所需的统计数据极易失真。二是很难推行科学的抽样调查，即使是采用了抽样调查方法也难免一些地方在抽样调查资料上“偷梁换柱”。三是不利于建立基层直报制度、基层数据库和采用超级汇总方法。四是政府机构改革后地方统计力量大大削弱，难以承担目前繁重的国家统计调查任务。

以往的统计改革大都是在统计体制之外进行的，原有的统计管理体制与新的市场经济体制之间的矛盾日益尖锐，体制改革势在必行。

（二）统计管理体制改革应当遵循的原则

统计管理体制改革[②]应当遵循的原则有：一是统计管理体制要与政治体制、经济管理体制相适应，以便有效履行政府统计职能。二是保持统计调查体系的相对独立，确保统计调查不受外部的干扰和统计数据的客观真实。三是符合统计调查和信息技术发展的方向，有利于提高统计调查工作的效率。四是政府各部门统计分工的适度集中，有利于实施统一的统计标准和国民经济核算。

（三）统计管理体制改革的思路

1.进一步理顺中央综合统计与政府部门统计的关系

一是统计范围要有明确的分工，不能交叉重复，政出多门；二是中央综合统

① 庞昱，周彦，张琳．中国统计管理体制历史沿革和创新实践 [J]. 中国统计，2020，05：41-44.

② 杨渊蘅.顺应中国国情，建立二元统计管理体制[J].统计研究，2007，12：42-43+35.

计依法对部门统计业务工作进行审批和指导，包括调查内容、范围、调查表设计等；三是中央综合统计与部门统计之间实现数据共享，建立共享相关机制和信息平台；四是中央综合统计与部门统计加强交流和调查项目的合作。

2.改进统计调查制度

一是继续强化抽样调查在统计调查中的作用；二是改进和完善普查制度，充分开发运用普查数据。

3.进一步规范国家统计信息发布制度

一是要明确国家统计信息发布原则，建立定期发布制度；二是要充实统计信息网站内容，成为对外的重要“窗口”；三是要充分开发和利用统计资源，拓宽统计服务领域。

4.加强统计数据质量的管理和评估工作

建立统计数据质量评估制度，增强统计数据质量管理的透明度和公开化。

5.推进政府统计的国际化

借鉴和吸收国际先进的统计管理经验，增强我国统计数据的国际可比性，继续制定和实施全国统一的统计标准和规范。

第五章　人力资源社会保障统计概述

第一节　人力资源社会保障统计的意义、任务和内容

人力资源社会保障统计工作能够真实、准确、完整和及时地获取人力资源社会保障统计资料，在促进人力资源社会保障事业科学发展方面发挥着重要的基础性作用。

做好人力资源社会保障统计工作首先要解决思想上的问题，认识人力资源社会保障统计工作的重要意义，明确人力资源社会保障统计工作的基本任务，掌握人力资源社会保障统计工作的主要内容。

为保障人力资源社会保障统计工作有序开展，需要建立完善科学的人力资源社会保障统计工作体制和机制，《人力资源和社会保障部统计工作管理办法》明确了统一管理分工负责的基本体制机制和统计工作责任分工，《统计法》对各类统计调查对象（单位和个人）的主要统计义务做出了明确规定。《统计法》在素质和能力方面也对统计工作人员提出了明确要求。

统计工作是通过提供统计产品和服务来促进人力资源社会保障事业科学发展的。统计产品和服务应满足真实性、时效性、可比性、可塑性、全面系统性、方便使用实用性和经济性的要求。人力资源社会保障统计产品和服务主要包括年度统计公报、定期数据资料和统计分析报告。

一、人力资源社会保障统计的重要意义

人力资源社会保障统计是国民经济社会发展统计的重要组成部分，人力资源社会保障统计是社会经济统计的原理、方法在人力资源社会保障领域的应用，是

在质与量的辩证统一中研究大量人力资源社会保障现象的数量方面，反映人力资源社会保障现象在特定时间、地点和条件下的具体表现及其发展变化规律的社会认识活动。人力资源社会保障事业涉及就业、社会保障、劳动关系、收入分配、人才工作、军转安置、公务员管理、引进智力8个方面，直接关系到人民群众根本利益和现实利益，直接关系到广大人民群众能否共享改革发展成果的问题，关系到国家的长治久安。人力资源社会保障统计是关乎民生建设与人力资源开发的数据信息，是支撑科学决策、服务科学发展的重要基础，对于人力资源社会保障事业发展具有重要意义。

（一）人力资源社会保障统计是科学决策、制定政策法规的重要基础

统计是认识经济社会发展规律、促进科学发展的重要基础，是国家宏观调控和科学决策的重要依据，统计信息是按国家统计制度采集的规范的、系统的信息，是覆盖面最广、综合性最强的信息，因而是社会经济信息的主体，是党政机关和企事业各级领导了解情况、研究问题、进行科学决策和管理的重要依据。人力资源社会保障统计是人力资源社会保障事业的重要组成部分，统计数据的质量、统计咨询服务效果、统计分析的能力，对促进科学决策、推动改革发展具有重要影响。随着我国经济社会的快速发展，特别是科学发展观的提出，统计信息在领导决策和政策法规制定中的基础作用日益增强，从《就业促进法》《劳动合同法》《公务员法》等法律法规的制定到中长期发展规划的编制，从普适性政策的制定和改革到特殊问题、特殊情况的决策，无一例外都需要对相应的统计信息进行研究，对历史状况、现实情况、发展趋势进行了解和分析，都需要相关统计调查和统计资料的支持。而随着人力资源社会保障统计自身能力的提升，统计服务决策能力也日益增强，统计调查形式日益多样，通过常规报表、抽样调查、定点监测以及快速调查等方式，统计数据的质量日益提升，统计时效性不断增强，为日常决策、形势分析以及紧急情况下果断决策提供了有力依据。

（二）人力资源社会保障统计是评价发展状况和监督政府工作的重要依据

实行统计监督是统计工作的重要职能。通过统计调查和统计分析能够客观地反映人力资源社会保障事业的运行状态，反映各项政策法规、规划计划的执行进度，及时掌握相关信息，实现系统的定量检查、监测和预警。对经济效益和社

会效益进行评估，有利于各级领导及时采取措施解决运行中出现的问题和偏差，完善政策法规，加强政府绩效管理。如《劳动合同法》颁布实施以后，对于保障劳动者的合法权益起到了积极的作用，但是在执行过程中存在什么问题、要采取什么措施加以防范等，则需要通过统计调查发现实际情况和问题，从而采取有效措施。

（三）人力资源社会保障统计是政府公共服务的重要内容

统计信息服务，是公共服务的重要内容，是政府职能转变的客观要求，我国经济社会正处于体制转轨和快速发展的重要时期，各方面对人力资源社会保障统计信息的需求不断增加。一方面，部门间统计信息服务需求日益增加，部门统计信息关联度日趋加深，人力资源社会保障统计内容涉及人的各方面信息，与诸多部门的统计工作存在相互服务、相互依赖的关系。目前，联席会议制度、联合调查等方式的广泛应用在很大程度上满足了部门间统计信息共享的需求，如人才资源统计，由中共中央组织部牵头，人力资源和社会保障部、国家统计局、农业农村部等多部门联合开展。另一方面，人力资源社会保障关系每个人、每个单位的切身利益，人力资源社会保障统计信息已经成为个人以及单位分析判断形势、维护自身利益的重要工具。例如，企业可以通过人力资源社会保障相关统计资料了解全国就业形势、劳动力市场行情，了解同一行业或地区、不同行业或地区的用工情况、工资水平、人工成本等多方面信息，加强本企业人工成本管理；可以通过人力资源市场劳动力供给信息制订招聘计划和招聘人员等，而劳动者可以通过岗位空缺调查信息，得到劳动力的实际需求情况，包括总量及其构成，以及实际需要哪些工种、何种素质的劳动力，为劳动者寻找合适的职业提供依据。

二、人力资源社会保障统计的基本任务

人力资源社会保障统计的基本任务是依据《统计法》和国家有关法律、法规和规定，开展人力资源和社会保障领域的统计调查和统计分析，提供统计资料和统计咨询意见，实行统计监督。

（一）开展统计调查和统计分析

按照法定程序，依照科学的统计指标体系，采用科学的调查方法，系统地收

集、整理、传递、存储和提供大量以数量描述为基本特征的统计信息。

（二）提供统计资料和统计咨询意见

利用已经掌握的丰富的统计信息，运用先进的技术手段和科学的方法，深入开展综合分析和专题研究，为领导和有关部门提供可供选择的各种咨询建议和对策方案，对科学决策和管理发挥参谋和助手作用，同时为社会公众、科研院所及有关部门提供统计资料，促进人力资源社会保障领域理论发展和国际国内交流。

（三）实行统计监督

根据统计调查和统计分析，客观反映人力资源社会保障事业的运行状态，并对本领域各项政策的执行情况进行全面、系统的定量检查、监测和预警，便于各级领导及时采取措施解决运行中出现的问题和偏差，促进协调发展。

三、人力资源社会保障统计的主要内容

人力资源社会保障统计的主要内容包括就业与失业统计、社会保险统计、工资收入分配统计、职业能力与技能鉴定统计、人才资源统计、劳动关系统计、劳动人事争议调解仲裁统计、劳动监察统计、公务员管理统计、事业单位人事管理统计等。本书根据需要对部分内容进行了整合和划分，具体分为以下内容。

（一）人力资源统计

人力资源统计包括劳动力资源统计和人才资源统计。劳动力资源统计主要包括对劳动力资源、经济活动人口、就业人员、失业人员情况，以及单位就业人员规模结构等情况的统计；人才资源统计包括对人才资源的总体规模、层次、结构、分布等情况的统计。

（二）就业促进统计

就业促进统计包括对就业基本情况、就业人员变动、就业服务进展、就业政策执行等情况的统计。

（三）工资收入分配统计

工资收入分配统计包括机关事业单位工资统计和企业工资收入分配统计。机关事业单位工资统计主要是对机关、事业单位在职人员的基本工资、津贴补贴以及离退休人员的离退休费进行统计；企业工资收入分配统计主要指对企业劳动者收入的统计，与机关事业单位工资统计共同组成就业人员收入统计。

（四）人力资源市场统计

人力资源市场统计包括人力资源市场中介服务机构综合情况统计和人力资源市场中介服务业务基本情况统计。人力资源市场中介服务机构综合情况统计包括对服务机构数量、从业人员人数、固定招聘场所个数、建立人力资源服务网站个数以及全年营业总收入等情况的统计；人力资源市场中介服务业务基本情况统计包括对人员机构信息情况，以及现场招聘、网络招聘、劳务派遣、人事外包等服务情况的统计。

（五）事业单位人事管理统计

事业单位人事管理统计包括对事业单位总体情况、用人方式、管理人员、专业技术人员、工勤技能人员等情况的统计。

（六）公务员统计

公务员统计包括对公务员录用、考核、晋升、培训、调动、奖惩等情况的统计。

（七）社会保险统计

社会保险统计包括养老保险统计、医疗保险统计、失业保险统计、工伤保险统计、生育保险统计、失地农民参加社会保障情况统计、社会保险稽核情况统计、社会化服务情况统计、社会保险经办机构基本情况统计、社会保险基金监督等情况的统计。

（八）职业培训鉴定统计

职业培训鉴定统计包括职业技能培训统计和职业技能鉴定统计两部分。职业技能培训统计包括对参加劳动预备制培训、再就业培训、在岗培训、创业培训等培训人数、技工学校个数、各类职业培训机构个数、参加各类职业培训后实现就业人数、各类培训实际支出资金数等的统计；职业技能鉴定培训统计包括对参加各等级职业资格证书鉴定人数、取得相应等级职业资格证书人数、各类职业技能鉴定机构数和考评人员数等的统计。

（九）劳动合同管理和劳动时间利用统计

劳动合同管理和劳动时间利用统计包括对企业劳动合同签订、集体合同签订、企业人工成本情况、在岗职工工资调查、企业实行特殊工时制度等情况的统计。

（十）劳动人事争议调解仲裁统计

劳动人事争议调解仲裁统计包括对劳动人事争议调解案件数量、调解仲裁案件类型、调解仲裁结果等情况的统计。

（十一）劳动保障监察统计

劳动保障监察统计包括执法开展情况统计、处理处罚情况统计、案件情况统计、执法效果情况统计和监察机构及人员情况统计等。

第二节 人力资源社会保障统计的体制和机制

《统计法》就我国的统计工作体制做出了明确规定。《统计法》第27条规定："国务院设立国家统计局，依法组织领导和协调全国的统计工作。国家统计局根据工作需要设立的派出调查机构，承担国家统计局布置的统计调查等任务。县级以上地方人民政府设立独立的统计机构，乡、镇人民政府设置统计工作岗位，配备专职或者兼职统计人员，依法管理、开展统计工作，实施统计调查。"第28条规定："县级以上人民政府有关部门根据统计任务的需要设立统计机构，或者在有关机构中设置统计人员，并指定统计负责人，依法组织、管理本部门职责范围内的统计工作，实施统计调查，在统计业务上受本级人民政府统计机构的指导。”按照上述规定，各级人力资源社会保障部门负责本级人力资源社会保障工作职责有关的统计工作，在统计业务上受本级人民政府统计机构的指导。

一、人力资源和社会保障部门的主要统计职责

根据《人力资源和社会保障部主要职责、内设机构和人员编制规定》（国办发〔2008〕68号）规定，人力资源和社会保障部在统计方面的主要职责是承担全国人力资源和社会保障有关统计工作。“承担有关信息规划和统计管理工作”是人力资源和社会保障部规划财务司的主要职责之一。

规划财务司负责统计工作的综合管理和组织协调，其主要职责：一是组织国家统计法律、法规和相关政策的贯彻落实，拟定人力资源和社会保障统计工作规章制度，并负责组织实施和监督检查。二是根据国家制定的统计标准和部属各单位提出的统计指标体系与统计报表，组织制定人力资源和社会保障统计指标体系、统计报表制度等相关统计标准。组织制订统计调查计划，审核调查方案。三是组织协调全国人力资源和社会保障统计信息系统软件的开发和推广应用。四是组织开展人力资源和社会保障主要统计数据的会审和评估工作，定期组织并指导部属各单位统计人员的业务学习和培训。五是负责人力资源和社会保障综合统计。针对人力资源和社会保障事业发展运行情况，组织开展有关专门调查。组织开展统计分析和统计科学研究。六是负责统一管理人力资源和社会保障统计信息的对外公布和使用。负责同国家统计局及部外其他单位统计部门的协调工作。

部属有关单位的主要职责：一是贯彻执行国家有关统计工作的法律、法规、相关政策和部内各项统计规章制度。按照统计法规、统计调查计划和统计报表制度的规定，提出本单位的统计指标体系、统计报表、统计调查计划和调查方案。二是收集统计报表资料，开展专门调查，收集、整理、汇总和管理本专业的统计数据，并及时向规划财务司提供统计结果及有关资料。三是参与人力资源和社会保障主要统计数据的评估和会审工作。四是对所负责的统计工作进行业务指导，开展统计分析和编写专业统计报告。组织全国人力资源和社会保障统计信息系统软件在本业务领域中的应用。

人力资源和社会保障部信息中心负责人力资源和社会保障领域常规统计数据

库的建设、组织及日常维护；负责常规统计报表统一软件的开发和技术支持，参与部属有关调查的方案设计，承担数据处理工作；负责基于人力资源和社会保障信息系统中单位各项业务（含公务员管理）电子行政记录和有关数据库的数据处理工作。

二、单位和个人的主要统计义务

除人力资源社会保障行政部门外，国家机关、企业事业单位和其他组织以及个体工商户和个人也要根据需要，配合人力资源社会保障统计工作的完成。

《统计法》第7条规定："国家机关、企业事业单位和其他组织以及个体工商户和个人等统计调查对象，必须依照本法和国家有关规定，真实、准确、完整、及时地提供统计调查所需的资料，不得提供不真实或者不完整的统计资料，不得迟报、拒报统计资料。"

《统计法》第21条规定："国家机关、企业事业单位和其他组织等统计调查对象，应当按照国家有关规定设置原始记录、统计台账，建立健全统计资料的审核、签署、交接、归档等管理制度。统计资料的审核、签署人员应当对其审核、签署的统计资料的真实性、准确性和完整性负责。"

《统计法》第41条、第42条和第44条就统计调查对象（国家机关、企业事业单位或者其他组织、个体工商户和个人）不依法履行统计工作义务的行为应承担的法律责任做出了明确规定。

三、人力资源社会保障统计人员的基本素质要求

为保证统计工作的完成，提供高水平的统计服务，除了必须建立相应的统计机构、明确各部门统计工作职责以外，还需要有相当数量的专职和兼职统计人员。统计人员的基本素质决定了统计工作的水平和质量，是统计事业和人力资源社会保障事业成败的关键。

一般说来，人力资源社会保障统计人员的基本素质要求主要包括以下四个方面。

（一）热爱统计工作

统计人员必须热爱统计工作，充分认识统计工作对于人力资源社会保障事业

的极端重要性，干一行爱一行，默默无闻、无私奉献，努力为人力资源社会保障统计事业做出新的贡献。

（二）恪守职业道德

统计人员应具备的职业道德主要有：（1）遵守《统计法》和与统计工作有关的其他法律法规。（2）要树立实事求是的道德风尚，坚持原则，坚决抵制弄虚作假行为和敢于同弄虚作假的统计违法行为做斗争。（3）要保守国家机密统计资料，并对统计对象的商业秘密和私人、家庭的单项调查资料进行保密。统计职业道德的核心内容就是在统计工作中坚持实事求是。

（三）具备完成统计任务所必需的专业知识

统计人员要不断提高自己的专业素养，使自己的统计专业知识能够满足统计任务的需要。人力资源社会保障统计人员必须了解统计基本原理，懂得统计工作的性质、统计指标体系、统计资料的收集和整理方法以及统计分析、统计预测等；还需要具备一定的组织能力，能够组织开展统计调查；具有收集、整理资料和鉴别资料的能力；能够开展统计分析，将统计工作成果以各种形式展示出来，并能撰写统计分析报告。

（四）熟悉人力资源社会保障基本理论、法律法规和政策

人力资源社会保障统计人员必须具备一定的人力资源社会保障理论知识，对党和国家的人力资源社会保障法律法规、政策等有相当程度的了解；必须了解国际和国内宏观经济形势。为做好统计工作，人力资源社会保障统计人员还必须懂计算机技术，能够利用计算机技术汇总、分析统计数据，完成统计工作。此外，还需要具备一定的外语知识。

第三节　人力资源社会保障统计产品和服务

统计服务即统计服务主体为用户提供统计产品的过程，体现在统计的信息、咨询、监督三大职能的发挥中，其核心是统计产品。

一、统计产品的概念和特征

狭义的统计产品仅指统计数据，广义的统计产品是以准确的统计数据为依据，进行统计数据的加工整理、统计分析、统计预测、统计监测、统计警示、统计执法等信息资料的总称。一般来说，统计产品应具备以下几个特征。

1.真实性

“真实是统计的生命。”统计信息是用户决策的基本依据，只有建立在真实可靠基础之上的决策，才能达到预期目的，实现预期的效果。但是，准确性对于统计数据来讲是相对的，不同层次对统计数据的准确性有不同的要求，绝对准确的数据不一定质量高，使用价值大；相对准确的数据也不一定质量低，使用价值小。所以，统计信息的质量主要取决于真实可靠，而不是取决于精确程度。

2.时效性

时效性是指要尽量缩短事件发生与对该事件进行测量、发布之间的时间差。统计信息的发布是否迅速、及时是统计产品质量和价值的重要组成部分。

3.可比性

可比性是衡量统计产品质量高低的重要尺度。作为政府统计部门，每年都要生产出数量巨大的统计数据，众多的统计数据之间必须保持可比性。这种可比性主要表现在三个方面：一是同一范围内同类统计信息的纵向可比性，这是保证用户进行动态分析的前提条件；二是同一时期同类统计信息的横向可比性，包括不同国家、不同地区同类统计信息之间的可比性；三是同一时期不同统计信息之间的逻辑可比性。这种广泛的可比性是加强我国同国际组织和其他国家进行国际交流与合作的前提。

4.可塑性

可塑性是指政府统计提供的大量统计数据可由统计信息使用者根据研究的目的和需要有选择地使用或自行进行必要的组合、加工、拆解。

5.全面系统性

客观现象的复杂性和统计资料用户的广泛性，要求在政府统计提供的统计资料中，不仅要具备从不同角度全面反映总体数量的相互有机联系的统计指标体系提供的统计数据，而且要具有反映总体内部各个部分的数量以及总体与部分、部分与部分之间数量关系的统计数据。

6.方便使用性

它是影响统计资料利用范围的一个重要方面。便利性一方面是指获得统计信息方便；另一方面是指统计信息使用起来方便，能够满足各个层次的用户各方面的信息需求。

7.经济性

经济性是指在满足前六个标准的前提下，以成本最低的方式取得所需的统计信息。

二、人力资源社会保障统计产品

（一）统计公报

人力资源和社会保障部每年5月向社会发布年度《人力资源和社会保障事业发展统计公报》，公布劳动就业、社会保险、劳动关系与劳动者权益维护、公共人事管理、人才队伍建设、人力资源社会保障法制建设和基础建设等方面的主要统计数据。

（二）数据资料

1.人力资源社会保障主要统计数据报告

月度数据资料主要包括上月全国各地就业、养老保险、医疗保险、失业保险、工伤保险、生育保险、农民工参保等方面的数据。数据报告供部领导参阅。

2.人力资源社会保障主要统计数据季度资料

季度数据资料是指收集整理季度宏观经济运行、收入分配、就业和再就业、职业技能鉴定、社会保险、退休人员社区管理率、劳动保障城域网覆盖率等方面的数据。发放范围为人力资源和社会保障部各业务司局、各地人力资源社会保障厅（局）。

3.人力资源和社会保障统计摘要

年度数据资料是指整理编辑上年度人力资源社会保障事业发展相关统计数据，涉及公共人事管理和社会管理公共服务两大领域。包括国民经济发展情况、收入分配、就业和失业、社会保险、人才队伍建设、劳动关系等方面的详细数据。发放范围为人力资源和社会保障部各业务司局、各地人力资源社会保障厅（局）。

4.《中国劳动统计年鉴》《中国人力资源和社会保障年鉴》

年度数据资料属于公开出版物。《中国劳动统计年鉴》为国家统计局与人力资源和社会保障部合编资料，数据来源于国家统计局劳动力调查和人力资源和社会保障部定期统计报表，涵盖了人口构成、劳动力数量、就业失业、劳动报酬、职业培训与技能鉴定、劳动关系、社会保障、工会工作、国外有关情况等方面。《中国人力资源和社会保障年鉴》包括年度事业发展情况和主要统计数据两部分，主要统计数据与人力资源和社会保障统计摘要中的数据相同。

第六章　人力资源统计

第一节　人力资源统计概述

全面建设小康社会，关键在于发挥好我国人力资源优势，建设人力资源强国，实施人才强国战略。做好人力资源统计工作，摸清我国人力资源的规模、结构和利用情况，对于开发人力资源、推进民生建设、促进科学发展具有十分重要的意义[①]。

一般意义的人力资源通常称为劳动力资源。其中，在经济上活跃的部分称为经济活动人口，又叫劳动力。劳动力统计主要是通过劳动力调查进行的，目的是为科学制定就业政策和进行宏观经济调控提供基础数据，主要内容是劳动力资源总量、经济活动人口、就业和失业情况。

人才是指具有一定的专业知识或专门技能，进行创造性劳动并对社会做出贡献的人，是人力资源中能力和素质较高的劳动者。人才资源统计工作是通过全面统计报表、抽样调查和科学推算相结合的方式开展的，目的是为科学制定人才政策，更好地为实施人才强国战略提供基础数据，主要内容是以党政人才资源、企业经营管理人才资源、专业技术人才资源、高技能人才、农村实用人才和社会工作人才为重点的人才资源的规模、结构和使用情况。

一、人力资源统计的意义

人是生产力中最活跃的因素。这里，人是指一般意义的人力资源，即有劳动能力的人，又称劳动力资源。一个国家要想科学发展，必须重视人力资源的开

① 黎朗.当代中国统计体制完善研究[D].武汉：华中师范大学，2011.

发和利用。我国人力资源十分丰富，充分开发利用这些人力资源，可以加快我国的经济和社会发展，但如果不能很好地利用这些资源，也会阻碍社会经济的正常发展，甚至酿成大的经济和社会问题。在我国，人力资源中能力素质较高的劳动者，即具有一定的专业知识或专门技能，进行创造性劳动并做出贡献的人，称为人才（资源）。劳动力资源与人才资源的关系，是普遍和特殊的关系，是一般和重点的关系，也是整体和部分的关系。人力资源统计，包括劳动力统计和人才资源统计，对劳动力状况和人才资源状况进行统计调查和研究，是人力资源社会保障工作的一项重要内容，具有十分重要的意义。

（一）做好人力资源统计工作具有十分重要的意义

就业是民生之本，解决的是劳动力资源（一般人力资源）的开发、利用问题。一方面，实现充分就业，让尽可能多的劳动力参与到经济社会建设中来，体现了发展依靠人民；另一方面，劳动者通过就业获得劳动报酬是实现发展成果由人民共享的重要途径。人才是第一资源，解决的是人才（高素质的人力资源）发现、培养和使用问题，为经济社会发展提供智力支持。人民群众是历史的创造者和推动者。在人民群众创造、推动历史的进程中，优秀分子（人才）发挥了重要的有时还是关键的作用。因此，既要做好培训就业工作，开发利用好我国的劳动力资源，又要做好人才工作，充分发挥第一资源的作用。人力资源统计工作，是为培训就业工作、人才工作提供数据支持的一项重要的基础性工作。因此，做好人力资源统计工作，摸清我国人力资源的规模、结构和利用情况，对开发人力资源、推进民生建设具有十分重要的意义。

（二）劳动力就业状况是判断市场经济运行状况的重要指标之一

就业是民生之本。人类社会发展规律是越来越人本化的，人的劳动保障权、就业实现权是最基本的人权。在市场经济体制下，失业率、经济增长率、通货膨胀率、国际收支平衡并列为反映宏观经济运行状况的四大经济指标，而失业率与通货膨胀率之和被经济学家称为“痛苦指数”，是反映居民生活水平变化的主要指标值。一些发达市场经济国家宏观调控的经验表明，虽然失业和通货膨胀都会带来社会不满，但通胀问题是“人人难以逃脱”的，因此而产生的社会不满也是温和型的，在解决通货膨胀过程中人们多少会有一些同舟共济的感觉。但失业问题则不同，失业一旦发生只落在相对稳定的一小部分人身上，会导致失业者的心理严重失衡、家庭关系紧张、对社会责任感丧失。因此，失业比通货膨胀更容易引起社会动乱。在一个动荡的社会里不可能进行正常的经济建设。目前，绝大部分发达市场经济国家都把解决失业问题作为政府的重要甚至首要任务。

我国要建立社会主义市场经济新体制，也必须妥善解决失业问题。随着我国社会主义市场经济体制和劳动就业制度改革的不断深化，劳动就业形势和政府对劳动就业进行管理的方式、方法发生了重大变化。因此，借鉴国际通行的方法和标准，建立适合我国国情的劳动力调查制度，对及时准确地反映我国城乡劳动力资源、就业和失业人口的总量和结构，对政府准确判断就业形势，正确制定和调整就业政策，改进宏观调控具有重要意义。劳动力调查制度对建立健全城乡就业和失业调查统计体系，完善就业和失业统计及动态分析监测系统，具有重要作用。对劳动力就业和失业情况进行调查，及时向政府和社会反映这方面的情况和问题，也是劳动统计工作的重要任务。

（三）劳动力统计是其他各项人力资源社会保障统计和有关业务工作的前提和基础

劳动组织、劳动定额、劳动时间、劳动效率、劳动报酬、人工成本、劳动保险、劳动安全、劳动关系等项统计的对象主体都是劳动力。企业所承担的各项社会义务（如绿化、献血、安置残疾人、接收退伍军人等）的任务量也都以劳动力人数作为计算的依据。没有全面准确的劳动力统计，其他各项劳动统计都会成为无源之水、无本之木。

二、人力资源统计的主要内容

人力资源统计的内容很丰富，根据统计内容的性质可以分为劳动力统计和人才资源统计。人才资源统计是指对人力资源中能力素质较高的劳动者进行统计。人才资源统计以全面报表统计、抽样调查统计和科学推算相结合的方式进行，摸清全国人才资源的总体规模、层次、结构、分布等情况，为实施人才强国战略提供决策依据。

我国人才队伍统计指标体系由国家人才发展主要指标、人才队伍建设指标、重点领域人才资源指标和国家人才发展监测与评价主要指标构成。其中，人才队伍建设指标是最基础的指标，是反映党政人才、企业经营管理人才、专业技术人才、高技能人才和农村实用人才队伍基本状况的专项指标，包括人才资源规模、素质、结构等方面的若干指标。

劳动力统计是对一般意义的人力资源，即劳动力资源进行统计。国际上通行的做法是，以劳动力调查为主，以单位就业调查为辅。其中，劳动力调查主要是摸清劳动力资源、经济活动人口（劳动力）、就业（从业）人员（口）、失业人员（口）等情况。单位就业调查主要是摸清单位就业人员的规模、结构等情况。

劳动力资源是指总人口中已经或可能参加社会劳动的人口。统计上的一般计算方法是：在劳动年龄人口中扣除丧失劳动能力的人口。总人口是指一定时点，一个国家或地区范围内有生命的个人总数；在人口调查或劳动力调查中，是指调查时点一定范围内的总人数。“劳动年龄”是指法定劳动年龄。各国对可以参加社会劳动的起始年龄规定有所不同，但普遍没有年龄上限的规定。“丧失劳动能力”，在理论上是指在体力和智力上均不能从事社会劳动，但具体操作时丧失劳动能力的情况不易界定，丧失劳动能力的程度常处于变化之中，且在16周岁及以上人口中，丧失劳动能力的人口所占比重很小。

经济活动人口又叫劳动力，是指劳动力资源中已经或要求参加社会经济活动的那部分人口。它是国际劳工组织推荐使用的一项重要指标。

就业人员又叫从业人员，是指在劳动年龄内，有劳动能力，参加社会经济活动取得劳动报酬或经营收入的人口。包括两类人员：一是为取得劳动报酬或经营收入，调查周内从事了一小时以上（含一小时）的劳动；二是由于学习、休假等原因在调查周内暂时处于未工作状态，但有工作单位或场所。

失业人员是指16周岁以上，有劳动能力，在调查周内未从事有收入劳动，当前有就业可能并以某种方式正在寻找工作的人员。

在我国，（在岗）职工是一个比较重要的概念，是指在单位工作，并由所在单位支付工资的人员。（在岗）职工是就业人员中的一个重要部分，职工之外的就业人员为其他就业人员。其他就业人员又可分为返聘的离退休人员、港澳台和外籍人员等。

第二节　人才资源统计

人才资源统计工作是人才工作的组成部分，是为人才队伍建设战略规划、政策研究和宏观指导提供决策依据的一项重要的基础性工作。做好人才资源统计工作，对于加强党的执政能力建设、实施人才强国战略、实现全面建设小康社会的目标，具有十分重要的意义[①]。人才资源统计工作始于2004年，是干部统计工作的继承和发展，是干部统计在新时期、新形势下的改革和扩充。从一定程度上讲，干部统计的历史，就是人才资源统计的历史，人才资源统计的发展，也是干部统计的延伸。

一、干部统计工作

干部统计作为人才资源统计的前身，是干部工作的重要组成部分，是认识干部现象的有效工具，是干部工作发展到一定阶段，为适应干部管理的需要而产生和发展起来的。

二、主体人才队伍统计

1.党政人才资源

党政人才资源包括公务员和参照公务员法管理的群团机关工作人员。

公务员指列入公务员法实施范围的中国共产党各级机关、各级人民代表大会及其常务委员会机关、各级行政机关、中国人民政治协商会议各级委员会机关、各级审判机关、各级检察机关、各民主党派和工商联的各级机关中已登记和暂缓登记人员。

参照公务员法管理的群团机关工作人员指参照公务员法管理的各级人民团体和群众团体机关中已登记和暂缓登记人员。

主要指标解释：

职务层次：指正省部级、副省部级、正厅局级、副厅局级、正县处级、副县

① 李宁.基于蓝海战略思维的统计管理体制改革研究[D].青岛：中国海洋大学，2010.

处级、正乡科级、副乡科级、科员、办事员、试用期人员。

晋升：指根据工作需要和公务员本人的工作表现，提高公务员原有的职务，由较低层次的职务升任至较高层次的职务。

破格提拔：对特别优秀的年轻公务员或者因工作特殊需要，适当放宽《党政领导干部选拔任用工作条例》规定的工龄、基层工作经历、任职年限等资格要求的限制，予以提拔使用。

录用：指按照规定的条件和程序，面向社会采用公开考试、严格考察的办法，选拔担任主任科员及以下非领导职务的公务员的活动。

交流：指根据工作需要或公务员个人愿望，通过调任、转任、挂职锻炼等形式，调整公务员的工作岗位。

免职：对在年度考核、干部考察中，民主测评不称职票超过1/3，经组织考核认定为不称职，或者被党委（党组）及其组织（人事）部门责令辞去领导职务而本人拒不执行，被任免机关根据有关法律、法规、章程和规定，按照一定的程序，在管理权限范围内，免除公务员的所任领导职务。不包括机关干部因转任、轮换、挂职锻炼、晋升或降低职务等，需要免除原任职务而改任其他职务的，或因退休而免除干部的职务。

降职：对因工作能力较弱或其他原因，不适宜担任现职的领导干部，由任免机关予以降低职务使用。

辞去领导职务：通常是指领导干部本人根据有关规定，通过一定的程序，主动向任免机关提出辞去所担任的领导职务。

2.企业经营管理人才资源

企业经营管理人才资源指在企业经营管理岗位上工作的人员，包括出资人代表、经营管理人员和党群工作者。

出资人代表指出资人任命或推荐任职的董事、监事。

经营管理人员指具体从事经营管理活动的人员，包括各级经理人以及具体从事规划计划、人力资源、市场营销、资本运营、财务审计、生产管理、法律事务、质量安全环保、行政管理等业务工作的人员。

党群工作者指主要从事党务、纪检监察、工会、共青团、老干部、企业文化建设等工作的人员。

第七章　社会保险统计

第一节　社会保险统计概述

社会保险统计是社会保险业务管理的重要组成部分，具有收集信息、分析信息、提供信息、咨询服务、监督管理、决策支持、科学预测等方面的作用。它将统计的基本原理和方法应用于社会保险领域，通过对社会保险中存在的数量关系进行研究和分析，反映社会保险活动的内在规律，为国家制定社会保险政策、社保机构进行有效管理和广大参保人员了解并参与社会保险活动提供信息。

一、社会保险统计的含义

社会保险统计是国民经济和社会统计的组成部分。广义地讲，社会保险统计有三种不同的含义，即社会保险统计学、社会保险统计工作和社会保险统计资料。

第一，社会保险统计学是关于认识社会保险统计活动中客观现象总体数量特征和数量关系的科学。

第二，社会保险统计工作即社会保险统计实践活动，是指收集、整理、分析和提供关于社会保险活动中数字资料工作的总称。

第三，社会保险统计资料是指在社会保险统计实践活动过程中所取得的各项数字资料，以及与之相联系的其他实际资料的总称。

二、社会保险统计的作用

社会保险统计要为国家制定社会保险政策，社会保险管理机构进行有效管理和广大参保人员了解并参与社会保险活动提供信息。因此，一般具有以下三个方面的作用。

（一）调查分析作用

按照法定程序，依照科学的统计调查方法，通过有组织、有计划地开展社会保险统计调查，可以收集统计资料，使其全面真实地反映社会保险事业发展的规模、速度、水平、结构、比例和效益；通过开展统计分析，可以揭示社会保险事业发展的规律性，并预测其发展趋势，更好地为政策决策提供依据。

（二）管理服务作用

运用先进的统计科学和现代计算技术实现社会保险统计工作的科学化、现代化、规范化，可以保证统计资料内容丰富，统计数据准确、及时、全面，从而全面提升社会保险管理水平。开展有效的统计服务，为管理和决策提供权威的统计数据，为政府决策提供可靠的依据。

（三）监督作用

通过社会保险统计，可以系统地跟踪检查国家政策的贯彻实施情况，分析原因，找出社会保险管理中存在的问题，检举和揭露违反国家法令，损害国家、集体和参保人员利益的行为，发挥社会保险统计监督作用。

三、社会保险行政管理机构统计工作的任务

组织国家统计法律法规和相关政策的贯彻落实，拟定本地区社会保险统计工作规章制度，并负责组织实施和监督检查。

根据国家制定的统计标准和社会保障事业发展需要，组织制定本地区社会保险统计指标体系和统计报表制度。社会保险统计指标体系是统计设计的核心，更是开展统计工作的重要基础，它通过社会保险统计指标体系的科学设计和指标值能客观反映社会保险领域的活动，分析和研究该领域所有现象的特征、规律，为社会保险管理提供决策支持。

组织制订统计调查计划，审核调查方案。统计调查对象必须依照《统计法》和国家法律法规规定，如实提供统计资料，不得虚报、瞒报、拒报、迟报，

不得伪造、篡改。

组织本地区由人力资源和社会保障部统一开发的社会保险统计信息系统软件的推广应用。

组织本地区开展社会保险主要统计数据的会审评估工作。

负责社会保险综合统计。组织实施上级社会保险管理机构开展的有关专门调查。组织制定本地区有关专门调查，组织开展统计分析和统计科学研究。

负责信息的对外公布和使用，提供社会保险统计资料和统计咨询，负责同外单位统计部门协调工作。按照“统一管理、分工负责、综合协调、统一对外”的原则，对内对外发放社会保险综合情况统计信息资料。属于国家秘密的统计资料必须保密，属于参保人员的调查资料，非经本人同意不得泄露。

四、社会保险统计制度的内容和范围

（一）社会保险统计制度的内容

社会保险统计制度的主要内容包括社会保险事业发展情况统计和社会保险综合情况统计。社会保险事业发展情况统计包括养老保险统计、医疗保险统计、失业保险统计、工伤保险统计、生育保险统计、失地农民参加社会保障情况统计；社会保险综合情况统计包括社会保险稽核情况统计、社会化服务情况统计、社会保险经办机构基本情况统计、社会保险基金监督情况统计。

（二）社会保险统计制度的范围

随着覆盖城乡居民的社会保障体系的逐步建立与完善，社会保险统计制度的范围也在逐步扩大。统计范围主要包括参保单位和参保人员两个方面。

1.参保单位范围

（1）企业

指国家统计局、国家工商行政管理局颁布的《关于划分企业登记注册类型的规定》（国统字〔2011〕86号）（以下简称《规定》）中确定的企业类型。包含执行企业社会保险制度的事业单位。

（2）事业

指根据当地政府规定，参加由人力资源和社会保障部门经办的社会保险业务的事业单位，不包含执行企业社会保险制度的事业单位。

（3）机关

指根据当地政府规定，参加由人力资源和社会保障部门经办的社会保险业务的机关单位。

（4）其他人员

指个体工商户及其帮工、自由职业者、失业后未终止社会保险关系等以个人身份参加社会保险的人员。

2.参保人员范围

（1）基本养老保险。参加城镇企业职工基本养老保险的人员包括各类企业职工、个体劳动者，开展城镇企业职工基本养老保险的机关、事业单位职工。

参加新型农村社会养老保险的人员包括年满16周岁（不含在校学生）、未参加城镇职工基本养老保险的农村居民。

（2）基本医疗保险。参加城镇职工基本医疗保险的人员包括企业（国有企业、集体企业、外商投资企业、私营企业等）、机关、事业单位、社会团体、民办非企业单位的职工。由各省、自治区、直辖市人民政府规定参保的乡镇企业职工、城镇个体经济组织业主及其从业人员。

参加城镇居民基本医疗保险的人员包括不属于城镇职工基本医疗保险制度覆盖范围的大学阶段［各类全日制普通高等学校（包括民办高校）、科研院所中接受普通高等学历教育的全日制本专科生、全日制研究生］、中学阶段（包括职业高中、中专、技校学生）、小学阶段的学生，少年儿童和其他非从业城镇居民。

特殊人员指报告期末医疗费用由社会保险经办机构单独分账管理的人员，包括按照国家和各地规定享受医疗照顾或医疗保健待遇的职工、退休人员、离休人员及老红军、1～6级革命伤残军人。

参加新型农村合作医疗保险的人员包括农村居民。

参加补充医疗保险的公务员指符合《国家公务员暂行条例》和《国家公务员制度实施方案》规定的国家行政机关工作人员和退休人员；经人力资源和社会保障部（人事部）或省、自治区、直辖市人民政府批准列入依照国家公务员制度管理的事业单位的工作人员和退休人员；经中共中央组织部或省、自治区、直辖市党委批准列入参照国家公务员制度管理的党群机关，人大、政协机关，各民主党派和工商联机关以及列入参照国家公务员管理的其他单位机关工作人员和退休人员；审判机关、检察机关的工作人员和退休人员。

（3）参加失业保险的人员包括城镇各类企业、事业单位职工。

（4）参加工伤保险的人员包括中华人民共和国境内的各类企业、有雇工的个体工商户中的职工或者雇工。

（5）参加生育保险的人员包括城镇企业、机关、事业单位的职工。

第二节　社会保险发展情况统计

一、城镇企业职工基本养老保险

1.参保人员情况

参保职工人数是指报告期末参加基本养老保险并在社保经办机构已建立缴费记录档案的职工人数，包括中断缴费但未终止养老保险关系的职工人数，不包括只登记未建立缴费记录档案的人数。

灵活就业人员参保人数是指报告期末非全日制、暂时性和弹性工作等以灵活方式就业的城镇居民参加基本养老保险的人数。

缴费人数是指报告期末参加基本养老保险职工人数中，按规定缴纳基本养老保险费的人员，包括未按时足额缴纳养老保险费并未缴部分已计入欠费的人员。

离休、退休、退职人员期末数是指报告期末参加基本养老保险并由养老保险基金支付养老金的离休人员、退休人员、退职人员人数。其中离休人员指离休干部。

农民工参保人数是指报告期末非城镇户口在城镇就业参加基本养老保险的人数。

2.基金缴拨情况

缴费基数总额是指报告期内参加基本养老保险的单位及个人缴纳基本养老保险费的工资总额，按缴费人员的应缴口径计算。

本期应缴是指报告期内参加基本养老保险的缴费单位和个人按照当地政府规

定的标准计算出的应缴纳的基本养老保险费金额，不包括应补上年度末之前历年欠费。

本期实缴是指报告期内参加基本养老保险的缴费单位和个人，实际缴纳的基本养老保险费，不包括实际补缴上年度末之前历年的欠费和跨年度（或跨季度）的预缴金额。

本期应发养老金合计是指报告期内应发给参加基本养老保险离退休（职）人员的统筹项目内的养老金金额总计，不包括应补发的上年度末之前历年的拖欠金额。

3.个人账户记账情况

个人账户建账人数是指报告期末已建立基本养老保险个人账户的人数，包括职工、离退休（职）人员和其他人员（指因各种原因已中断缴费，但未解除养老保险关系并保留个人账户的人员）。

期末累计记账余额是指截至报告期末基本养老保险个人账户累计记账余额。

二、基本医疗保险

（一）城镇职工基本医疗保险

1.参加城镇职工基本医疗保险人员及特殊人员情况

参保人员是指报告期末参加城镇职工基本医疗保险（实施统账结合和单建统筹基金）的职工人数和退休人数的合计。

缴费人数是指报告期末参加城镇职工基本医疗保险并按规定缴纳医疗保险费的人数。

享受待遇人数是指报告期内享受城镇职工基本医疗保险待遇的人数。

2.基金缴拨情况

实施统账结合的缴费基数总额是指报告期内参加城镇职工基本医疗保险并实施统账结合办法的单位及个人缴纳基本医疗保险费的工资总额，按缴费人员的应缴口径计算。

实施统账结合的本期应缴是指报告期内参加城镇职工基本医疗保险并实施统账结合办法的缴费单位、个人，按规定的标准计算出来的应缴纳的基本医疗保险费，不包括应补上年度末之前历年累计欠缴的基本医疗保险费金额。

实施统账结合的本期实缴是指报告期内参加城镇职工基本医疗保险并实施统账结合办法的缴费单位、个人，实际缴纳的基本医疗保险费，不包括补缴的上年度末之前的历年欠费和跨年度（或跨季度）的预缴金额、启动金。

单建统筹基金的缴费基数总额是指报告期内参加城镇职工基本医疗保险但未建立个人账户的单位及个人缴纳基本医疗保险费的工资总额，按缴费人员的应缴口径计算。

单建统筹基金的本期应缴是指报告期内参加城镇职工基本医疗保险但未建立个人账户的缴费单位、个人，按规定的标准计算出来的应缴纳的基本医疗保险费，不包括应补上年度末之前历年累计欠缴的基本医疗保险费金额。

单建统筹基金的本期实缴是指报告期内参加城镇职工基本医疗保险但未建立个人账户的缴费单位、个人，实际缴纳的基本医疗保险费，不包括补缴的上年度末之前的历年欠费和跨年度（或跨季度）的预缴金额。

3.医疗费用支出情况

普通门（急）诊费用支出是指报告期内参加城镇职工基本医疗保险职工在定点医疗机构普通门（急）诊就诊发生的医疗费用的合计。包括基本医疗保险个人账户、社会统筹基金、公务员医疗补助资金、大额医疗费用补助资金支付和个人支付的医疗费用。

普通门（急）诊人次是指报告期内参加城镇职工基本医疗保险职工在定点医疗机构普通门（急）诊就诊的人次数。

住院费用支出是指报告期内参加城镇职工基本医疗保险的职工在定点医疗机构住院期间所发生的全部医疗费用的合计。包括基本医疗保险个人账户、社会统筹基金、公务员医疗补助资金、大额医疗费用补助资金支付和个人支付（个人自费）的医疗费用。

出院人次是指报告期内参加城镇职工基本医疗保险职工在定点医疗机构住院治疗出院（包括死亡）的人次数。

住院床日是指报告期内参加城镇职工基本医疗保险职工在定点医疗机构住院治疗累计住院床日数。

（二）城镇居民基本医疗保险

1.参保人员情况

城镇居民参保人数是指报告期末按照国务院《关于开展城镇居民基本医疗保险试点的指导意见》规定，参加城镇居民基本医疗保险（在经办机构参保登记并已建立当年缴费记录）的人数，由成年人和学生儿童参保人数构成。当年指自然年度或缴费年度。

享受待遇人数是指年初到报告期末按规定享受城镇居民基本医疗保险待遇的人数。

2.缴费和财政补助情况

个人缴费人数是指报告期末参加城镇居民基本医疗保险并按规定个人缴纳医疗保险费的人数。

个人缴费金额是指年初到报告期末参加城镇居民基本医疗保险并按规定个人缴纳医疗保险费的金额。

本期应补财政补助资金是指报告期内按参保居民筹资标准有关规定当年应由各级财政补助的资金额。

本期实补财政补助资金是指报告期内按规定当年各级财政实际到位的补助资金额。

3.医疗费用支出情况

普通门急诊人次是指报告期内参加城镇居民基本医疗保险人员在定点医疗机构普通门（急）诊就诊的人次数。同一天在同一家定点医疗机构同一科别就诊的视为一次。

门诊统筹是指按照《关于开展城镇居民基本医疗保险门诊统筹的指导意见》（人社部发〔2009〕66号）开展的城镇居民基本医疗保险门诊统筹。

普通门急诊费用是指报告期内参加城镇居民基本医疗保险人员在定点医疗机构发生的普通门（急）诊医疗费用合计。

门诊大病人次是指报告期内参加城镇居民基本医疗保险的人员在定点医疗机构门诊大病就诊的人次数。门诊大病是指按当地政府有关规定列入城镇居民基本医疗保险统筹基金支付范围的门诊病种。

门诊大病费用支出是指报告期内参加城镇居民基本医疗保险的人员在定点医

疗机构门诊大病就诊发生的医疗费用的合计。包括统筹基金、其他补充保险和个人支付等费用。

出院人次是指报告期内参加城镇居民基本医疗保险的人员在定点医疗机构住院治疗出院（包括死亡）的人次数。

住院床日是指报告期内参加城镇居民基本医疗保险的人员在定点医疗机构住院治疗累计住院床日数。

住院费用支出是指报告期内参加城镇居民基本医疗保险的人员在定点医疗机构住院期间所发生的医疗费用的合计。包括基本医疗保险统筹基金、其他补充保险和个人支付等费用。

享受门诊统筹待遇人数是指报告期内享受统筹基金支付普通门（急）诊费用的人数。

（三）新型农村合作医疗保险

1.参保人员情况

参保人数是指报告期末参加由人力资源和社会保障部门管理的新型农村合作医疗的人数。

享受待遇人数是指年初至报告期末享受新型农村合作医疗待遇的人数。

2.医疗费用支出情况

门诊费用支出是指报告期内参加新型农村合作医疗人员在定点医疗机构发生的门诊医疗费用合计。

住院费用支出是指报告期内参加新型农村合作医疗人员在定点医疗机构住院期间发生的医疗费用合计。

（四）补充医疗保险统计

公务员医疗补助列入补助范围人数是指报告期末列入公务员医疗补助范围的人数。

公务员医疗补助实际享受补助人数是指报告期内享受公务员医疗补助的公务员人数，如报告期内一人享受两次以上待遇，按一人计算。

参加大额医疗费用补助人数是指报告期末参加为解决封顶线以上人员的医疗费用和门（急）诊大额医疗费而建立的补充医疗保险的人数。

享受大额医疗费用补助人数是指报告期内享受职工大额医疗费用补助待遇的人数，如报告期内一人享受两次以上待遇，按一人计算。

其他补充医疗保险参加人数是指报告期末参加由社保经办机构管理的除公务员医疗补助、职工大额医疗费用补助以外其他形式的补充医疗保险的人员数（含职工、退休人员）。

其他补充医疗保险享受待遇人数是指报告期内由社保经办机构管理的享受除公务员医疗补助、职工大额医疗费用补助以外其他形式的补充医疗保险待遇的人数，如报告期内一人享受两次以上待遇，按一人计算。

三、失业保险

（一）参保人员情况

参加失业保险职工人数是指在城镇企业事业单位工作，并由其支付工资的职工已经参加失业保险的人数。

农民工参保人数是指报告期末非城镇户口在城镇企业、事业单位就业并参加失业保险的人数。

（二）领取失业保险金人员情况

领取失业保险金人数是指享受失业保险待遇，领取失业保险金的失业人员人数。

本期新增领取失业保险金人数是指在报告期内开始领取失业保险金的失业人员人数，包括初次失业和再次失业人员。

本期停止领取失业保险金人数是指报告期内按规定开始停止领取失业保险金的人数，包括重新就业、待遇期满及其他原因而停止领取失业保险金的人数。

重新就业人数是指在领取失业保险金期间，因与用人单位签订了劳动合同或领取了工商营业执照自谋职业，而停止领取失业保险金的人数。

待遇期满人数是指规定的享受失业保险待遇期限届满，停止领取失业保险金的人数。

停止领取失业保险金其他人数是指因应征服兵役、移居境外、享受基本养老保险待遇、被判刑收监执行或被劳动教养、无正当理由拒不接受当地人民政府指定的部门或者机构介绍的工作等原因，而停止领取失业保险金的人数。

本期领取一次性生活补助的农民合同制工人数是指报告期内城镇企业事业单位招用的农民合同制工人，因劳动合同期满未续订或提前解除劳动合同，按规定领取一次性生活补助的人数。

四、工伤保险

（一）基础指标

1.工伤认定情况

（1）认定工伤人数是指报告期内认定工伤的人数，包括以下七种情形：

①在工作时间和工作场所内，因工作原因受到事故伤害的；

②工作时间前后在工作场所内，从事与工作有关的预备性或者收尾性工作受到事故伤害的；

③在工作时间和工作场所内，因履行工作职责受到暴力等意外伤害的；

④患职业病的；

⑤因工外出期间，由于工作原因受到伤害或者发生事故下落不明的；

⑥在上下班途中，受到机动车事故伤害的；

⑦法律、行政法规规定应当认定为工伤的。

（2）视同工伤人数是指报告期内视同工伤的人数，包括以下三种情形：

①在工作时间和工作岗位，突发疾病死亡或者在48小时之内经抢救无效死亡的；

②在抢险救灾等维护国家利益、公共利益活动中受到伤害的；

③职工原在军队服役，因战、因公负伤致残，已取得革命伤残军人证，到用人单位后旧伤复发的。

（3）当期不予认定工伤人数是指报告期内不符合《工伤保险条例》第14条、第15条规定的情形不认定为工伤和属于《工伤保险条例》第16条规定情形之一不得认定为工伤的人数。

（4）行政复议件数是指报告期内对不予受理和对工伤认定结论不服申请行政复议的件数。

（5）未参保复议件数是指报告期内对不予受理和对工伤认定结论不服申请

行政复议的件数中，用人单位未给涉案职工办理工伤保险的复议件数。

（6）维持件数是指报告期内对不予受理和对工伤认定结论不服申请行政复议的件数中，维持原有结论的复议件数。

（7）行政诉讼件数是指报告期内对不予受理和行政复议决定不服申请行政诉讼的件数。

（8）未参保诉讼件数是指报告期内对不予受理和行政复议决定不服申请行政诉讼的件数中，用人单位未给涉案职工办理工伤保险的诉讼件数。

（9）胜诉件数是指报告期内对不予受理和行政复议决定不服申请行政诉讼的件数中，胜诉的诉讼件数。

2.劳动能力鉴定情况

（1）初次申请是指职工发生工伤，经治疗伤情相对稳定后存在残疾、影响劳动能力，向设区的市级劳动能力鉴定委员会提出的劳动能力鉴定申请。

（2）再次申请是指初次申请鉴定的单位或者个人对设区的市级劳动能力鉴定委员会做出的鉴定结论不服，向省、自治区、直辖市劳动能力鉴定委员会提出的再次鉴定申请。

（3）复查申请是指自劳动能力鉴定结论做出之日起1年后，工伤职工或者其直系亲属、所在单位或者经办机构认为伤残情况发生变化，申请劳动能力复查鉴定。

（4）一至四级是指报告期内因工致残被鉴定为一级至四级伤残等级的人数。

（5）五至六级是指报告期内因工致残被鉴定为五级和六级伤残等级的人数。

（6）七至十级是指报告期内因工致残被鉴定为七级至十级伤残等级的人数。

（7）未达等级人数是指报告期内因工致残被鉴定为无伤残等级的人数。

3.参保人员情况

参保人数是指报告期末参加工伤保险的职工人数和有雇工的个体工商户的雇工数。

农民工参保人数是指报告期末非城镇户口在城镇就业参加工伤保险的人数。

缴费人数是指报告期末参加工伤保险人数中按规定缴纳工伤保险费的人员。

4.基金缴拨情况

缴费基数总额是指报告期内参加工伤保险的单位缴纳工伤保险费的工资总额，按缴费人员的应缴口径计算。

本期应缴是指报告期内参加工伤保险的缴费单位，按规定标准计算出来的应缴纳的工伤保险费，不包括应补缴的上年度末之前历年累计欠缴的工伤保险费金额。

本期实缴是指报告期内参加工伤保险的缴费单位实际缴纳的工伤保险费，不包括补缴的上年度末之前的历年欠费和跨年度（或跨季度）的预缴金额。

5.享受待遇情况

享受工伤保险待遇人数是指年初至报告期末内由工伤基金支付，享受工伤医疗、伤残、工亡待遇的总人数。不进行重复计算。其中，职业病是指职工因患职业病被认定为工伤并享受待遇的人数。

享受伤残待遇的人数是指年初至报告期末内，按照《工伤保险条例》规定的工伤保险基金支付标准，享受一至四级、五至六级、七至十级和未评定伤残等级伤残职工待遇的人数。

因工死亡人数是指报告期内因工伤事故、职业病死亡和因工致残人员、患职业病人员按因工死亡处理的人数。其中，一至四级死亡是指报告期内一至四级伤残职工在停工留薪期满后死亡的人数。

供养亲属人数是指报告期内按规定领取供养亲属抚恤金的人数。

门（急）诊费用支出是指报告期内参加工伤保险的工伤人员门（急）诊就诊发生的符合规定，并由工伤基金支付医疗费用的合计。

门（急）诊人次是指报告期内参加工伤保险的工伤人员门（急）诊就诊的人次数。

住院费用支出是指报告期内参加工伤保险的工伤人员在住院期间所发生的符合规定，并由工伤基金支付医疗费用的合计。

出院人次是指报告期内参加工伤保险的工伤人员住院治疗治愈（包括死亡）出院的人次数。

住院床日是指报告期内参加工伤保险的工伤人员住院治疗累计住院床日数。

工伤康复费用是指报告期内参加工伤保险的工伤人员治疗康复期间所发生的

符合规定，并由工伤基金支付的康复费用的合计。

工伤康复人次是指报告期内参加工伤保险的工伤人员康复的人次数。

职业康复费用是指报告期内参加工伤保险的工伤人员进行职业康复期间所发生的符合规定，并由工伤基金支付的费用的合计。

第三节　社会保险综合情况统计

一、稽核情况统计

少报基数是指报告期内被稽核单位未按照国家统计局《关于工资总额组成的规定》及有关规定，少报的缴费工资基数。

少报基数=应报缴费工资基数–实报缴费工资基数

少缴社会保险费是指报告期内少报基数乘以缴费比例计算出的应缴纳的社会保险费。

征缴稽核追回金额是指报告期内已经补缴到账的社会保险费总数。

欺诈冒领金额是指报告期内冒领人故意骗取的社会保险基金数额。

支付稽核追回冒领金额是指报告期内社会保险经办机构依法追回欺诈冒领社会保险待遇的到账总金额。

违规定点医疗机构、定点药店数是指报告期内经稽核查处的违反基本医疗保险协议规定的定点医疗机构和定点药店的总数量。

违规金额是指报告期内定点医疗机构和定点药店违反协议规定涉及资金的总数。

支付稽核追回违规金额是指报告期内已经补缴到账的违规总金额。

二、社会化服务情况统计

社区管理人数是指基本与原单位脱离，由街道和社区接收管理的退休人数。

纳入企业社区管理的企业退休人员人数是指依托企业建立，在经民政部门和人力资源和社会保障部门认可的街道社区内设立的退休人员管理服务机构接收管理的退休人数。

建立劳动保障工作机构的街道个数是指建立劳动保障工作机构并开展社会化管理服务工作的街道个数。

建立劳动保障工作机构的社区个数是指建立劳动保障工作机构并开展社会化管理服务工作的社区个数。

建立劳动保障工作机构的乡镇个数是指建立劳动保障工作机构并开展社会化管理服务工作的乡镇个数。

街道社会化管理服务工作人员数是指街道劳动保障工作机构中，专职从事社会化管理服务工作的工作人员数。

社区社会化管理服务工作人员数是指社区劳动保障工作机构中，专职或兼职从事社会化管理服务工作的工作人员数。

乡镇社会化管理服务工作人员数是指在乡镇（含行政村）劳动保障工作机构中，专职或兼职从事社会化管理服务工作的工作人员数。

三、经办服务情况统计

经办机构数是指报告期末隶属于人力资源和社会保障（劳动和社会保障）部门管理的具有独立法人资格的各级社会保险经办机构数。

各险种经办机构数是指报告期末隶属于人力资源和社会保障（劳动和社会保障）部门管理的具有独立法人资格的各险种经办机构数。包括养老保险（社保）、医疗保险、工伤保险、农村养老保险、机关事业单位养老保险经办机构。

经办机构规格是指报告期末各级经办机构规格情况。包括副厅级规格机构数、正处级规格机构数、副处级规格机构数、科级规格机构数等。

编制人数是指报告期末各级经办机构编制人数。

实有人数是指报告期末各级经办机构在编和非编的职工人数。

各险种经办机构人数是指报告期末各险种经办机构在编和非编职工人数。包括养老保险（社保）、医疗保险、工伤保险、农村养老保险、机关事业单位养老保险经办机构人数。

结束语

人力资源和社会保障工作在我国国民经济中占有重要地位，其最基本、最基础的工作就是关于人力资源和社会保障的统计工作。统计工作的完成对于掌握我国人力资源和社会保障的实际情况来说具有十分重要的意义，可以指导相关社会服务内容的执行，并为我国今后的人才发展提供更为科学、准确的数据分析。

在各个地区的人力资源和社会保障的系统工作之中，相应的党委与政府应该对就业、创业等相关工作进行切身落实，通过一些政策性辅助方式来加大对就业、创业的扶持力度，从而促使社会就业率不断增长，并让此成为促进本地经济发展的基础因素。

关于人力资源和社会保障的统计工作，其中最为重要的数据统计则是对于当下人才资源的统计，而主要统计对象包括各个行业相关的技术人才的数量、社会上所缺乏的行业人才的数量以及对于技术引进所需要的资金数目等相关信息。通过对人才资源的相关统计，可以进一步指导有关部门制定合理的人才引进的相关政策，促进本地经济呈稳定、合理、完善的发展趋势。

统计分析工作是人力资源和社会保障统计工作中的最后一项工作，同时也是最为重要的工作。这项工作是将搜集到的数据信息加以分析和统计，使庞大的、复杂的统计数据信息以图表等较为直观的方式呈现在领导面前，进而使领导能够准确知晓不同时期人力资源和社会保障数据的变化趋势，对于统计对象的联系关系也能加以判断和了解，进而为之后的决策工作提供更为准确的分析依据。

总的来说，要想做好人力资源和社会保障的统计工作，必须与人民群众的生活切实联系起来，同时也需要政府加以重视，以保证统计数据和信息的真实性和准确性，进而通过信息管理体制的建立与完善，对人力资源和社会保障部门的工作加以科学化、系统化规范，从而促进人力资源和社会保障事业的进一步发展，以实现更好地为人民服务的社会责任。

参考文献

[1]章凯，时金京.人力资源开发的人格途径：理论基础与管理启示[J].中国人力资源开发，2019，36（01）：152-163.

[2]刘向兵，闻效仪.通过新时代劳动教育引领和推动人力资源开发建设[J].教育经济评论，2019，4（01）：3-10.

[3]范荣玉.我国统计管理体制改革研究[J].现代经济信息，2019，02：108.

[4]刘庆龙.基于区域经济可持续发展中的人力资源开发探讨[J].现代营销（下旬刊），2019，10：157-158.

[5]杨丽丽.乡村振兴战略与农村人力资源开发及其评价[J].山东社会科学，2019，10：147-152.

[6]李华，郭丽娜，张卫国.新型城镇化背景下的农村人力资源开发评价指标体系研究[J].生态经济，2016，32（01）：131-134.

[7]扶涛.人力资源开发与产业转型升级的匹配效应研究：以广东省为例[J].广东财经大学学报，2016，31（03）：72-81.

[8]孙春晖.中国产业结构调整与人力资源开发趋势分析[J].中国人事科学，2021，04：78-86.

[9]杜彩霞.新经济下人力资源开发与管理的战略特征[J].中小企业管理与科技（中旬刊），2021，07：3-4.

[10]黄先平，黄利勇.区域经济发展中的人力资源开发及管理[J].商展经济，2021，22：130-132.

[11]罗继荣，刘建华.一论改革完善我国科技人力资源开发与管理制度——科技人力资源开发管理制度建设目标的正确定位与“三位一体”制度的构建[J].科技情报开发与经济，2005，21：234-235.

[12]郭济.加速人力资源开发实施人才强国战略[J].中国机关后勤，2002，12：12-15.

[13]李国荣.中国统计管理体制变迁问题研究[J].经济视角（中旬），2012，01：15–16+18.

[14]马克.深化统计管理体制改革的几点建议[J].中国统计，2020，01：59–60.

[15]吕成刚.我国统计管理体制改革研究[J].现代营销（经营版），2020，04：44–45.

[16]庞昱，周彦，张琳.中国统计管理体制历史沿革和创新实践[J].中国统计，2020，05：41–44.

[17]李清华.中外统计管理体制比较[J].内蒙古统计，2017，06：38–41.

[18]杨渊蘅.顺应中国国情，建立二元统计管理体制[J].统计研究，2007，12：42–43+35.

[19]黎朗.当代中国统计体制完善研究[D].武汉：华中师范大学，2011.

[20]李宁.基于蓝海战略思维的统计管理体制改革研究[D].青岛：中国海洋大学，2010.

[21]徐可.高校人力资源结构优化策略探索[J].产业与科技论坛，2022，21（02）：241–242.

[22]葛洋.事业单位人力资源管理效率提升以及绩效考核策略探讨[J].中国乡镇企业会计，2022，01：123–125.

[23]许敏慧，杨金云，胥欣迎，等.国有企业人力资源会计评价研究[J].合作经济与科技，2022，03：147–149.

[24]张世周.社会保险内部控制机制建设的探索与实践[J].产业与科技论坛，2022，21（01）：190–191.

[25]许璐瑶.我国企业人力资源管理创新问题探究[J].产业与科技论坛，2022，21（02）：191–192.

[26]宫博然.企业人力资源成本管理的弊端及治理研究[J].经济师，2022，01：257–259.

[27]王羽菲.基于数字化的集团人力资源管理设计研究[J].商业经济，2022，02：119–120+139.

[28]王萍.浅谈人力资源管理与经济可持续发展[J].质量与市场，2022，01：130–132.

[29]张建民，顾春节，杨红英.人工智能技术与人力资源管理实践：影响逻辑

与模式演变[J].中国人力资源开发，2022，39（01）：17–34.

[30]贾铁秀.三步提升人力资源管理信息化品质[J].人力资源，2022，02：156–157.

[31]滕莉莉.公立医院人力资源管理的模式选择[J].中国市场，2022，03：87–88.

[32]解松强.事业单位聘用制下人力资源管理问题与对策分析[J].商讯，2022，01：191–194.

[33]王利平.事业单位机构改革视角下人力资源管理体制分析[J].人才资源开发，2022，01：25–26.

[34]王健.全民参保背景下社会保险与社会救助的功能整合[J].江汉学术，2022，41（02）：98–106.

[35]王爱军.多元社会保险模式对人才流动的影响[J].人才资源开发，2022，01：40–41.

[36]许奕.社会保险对企业人力资源管理的积极意义[J].时代金融，2022，02：58–60.

[37]生然，郑石桥.社会保险审计客体：一个理论框架[J].商业会计，2022，02：10–14.

[38]崔芳芳.社会保险在企业人力资源管理中的运用研究[J].企业改革与管理，2022，02：85–87.

[39]沈忱.探究如何做好企业的社会保险管理[J].质量与市场，2022，04：148–150.

[40]董惠，杨洋，张磊.社会保险业务档案的规范化管理路径[J].黑龙江档案，2022，01：45–47.